大夏书系·课程建设

打开别样
教育世界

——小学创意电影课程的开发艺术

王晓琳◎编著

上海著名商标 ECNUP 华东师范大学出版社
全国百佳图书出版单位

图书在版编目（CIP）数据

打开别样教育世界：小学创意电影课程的开发艺术／王晓琳编著．—上海：华东师范大学出版社，2018

ISBN 978 - 7 - 5675 - 7483 - 0

Ⅰ．①打 … Ⅱ．①王 … Ⅲ．①电影艺术—小学—教学参考资料 Ⅳ．① G623.703

中国版本图书馆 CIP 数据核字（2018）第 029970 号

大夏书系·课程建设

打开别样教育世界
——小学创意电影课程的开发艺术

编　　著	王晓琳
责任编辑	卢风保
封面设计	淡晓库

出版发行	华东师范大学出版社
社　　址	上海市中山北路 3663 号　邮编　200062
网　　址	www.ecnupress.com.cn
电　　话	021‑60821666　行政传真　021‑62572105
客服电话	021‑62865537
邮购电话	021‑62869887　地址　上海市中山北路 3663 号华东师范大学校内先锋路口
网　　店	http://hdsdcbs.tmall.com

印 刷 者	北京密兴印刷有限公司
开　　本	700×1000　16 开
插　　页	1
印　　张	16
字　　数	228 千字
版　　次	2018 年 6 月第一版
印　　次	2018 年 6 月第一次
印　　数	6 100
书　　号	ISBN 978‑7‑5675‑7483‑0/G·10950
定　　价	39.80 元

出 版 人	王　焰

（如发现本版图书有印订质量问题，请寄回本社市场部调换或电话 021-62865537 联系）

目录
Contents

理论篇：为什么要让电影课程进教室

实践篇：这样搭建学生的成长阶梯

积极主动的一年级

阳光乐观的二年级

勤奋自信的三年级

有同理心的四年级

科学理性的五年级

勇于承担的六年级

别样的精彩课程，别样的成长阶梯

非常有幸在王晓琳老师的书稿付梓前，在河南济源一中的活动现场亲自聆听了她在电影课程方面研究和探索成果的分享。其间，我深深为一个一线教师严谨的研究态度、超凡的思维创见所打动。看到王晓琳老师呈现给读者这样一部具有学术研究分量，同时又具有巨大实践价值的班级活动研究著作，由衷为她丰硕的研究成果而欣喜，也为自己能在这样一部具有开创意义和独特创见的研究著作前面抒发几句感言而备感荣幸。

王晓琳老师的这本著作凝结了一个一线教师不懈探索和深刻反思的思维成果。听王晓琳老师本人介绍，自 2005 年起，在她的带领下，一批教师自发地在班级内开展电影课程与班级管理相结合的实践活动。通过几年的打磨，他们积累了电影在班级管理、学生人格塑造方面的作用的第一手资料和实践经验。

在有了初步研究积淀的基础上，他们开始了团队研发。2007 年起，王晓琳老师参与了新教育网络师范学院的学习，2011—2015 年担任新教育网师电影院电影课程的讲师，带领全国性的高端学术研修团队通过团队合作的模式，专业性地研讨了200多部经典教育电影，开发了小学、初中、高中三个学段的阶梯教育电影课程，研修成果《影响孩子一生的100部电影》（小学、初中、高中）系列电影丛书2016年9月由河南大象出版社出版。这套丛书以埃里克森的八阶段理论和怀特海的"浪漫—精确—综合"的教育学循环理论为依据，为不同学段的孩子推荐最适合他们心理发展需求的电影，通过电影引领成长。电影丛书出版后，一线教师反响强烈。在收到赞赏的同时，也收到了来自一线教师的新要求和新建议：推出适合教师使用的电影课程读本，具体指导一线教师以电影课程为载体，在教室内开展丰富多彩的文化活动。

2015年，王晓琳老师担任南明教育电影课程的讲师，带领电影研修团队继续深入研讨，侧重于电影课程与教室里的教育实践相结合，把电影故事融入到孩子生活的各个方面。小学低段把电影课程与孩子们的读写绘活动相融合，提升孩子们的理解、阅读以及创作水平。在小学中段和高段把电影课程与丰富多彩的班级活动相结合，开展电影人物写绘、电影海报创作、电影情节表演、电影故事续写、优秀影评评比等活动，使电影课程成为承载学生成长与发展的平台。他们还通过家校合作把学校电影生活与家庭教育结合起来，营造积极健康的家庭生活，让电影真正成为孩子们生活的一部分。

在全国优秀实验教师的推动下，在一批实验校的整体推进中，他们积累了丰富的课程资源，创立了完整的小学电影课程体系，于是有了这本书的问世。

笔者在对王晓琳老师的研究团队深感钦敬和叹服的同时，也期冀更多的教育者关注和学习相关的课程改革经验成果，通过丰富的电影资源引领班级的发展、学生的成长、学校品质的提升。

纵观王晓琳老师的创新探究，我们可以窥见他们在实践探索中所秉承的科学理性和缜密思考，他们的研究不仅有一线教师研究所特有的鲜活灵动的特质，更体现了难能可贵的学理思考，给我们进行电影课程的开发和研究提供了基本的范式。

其一，要形成基本的课程开发与组织范式，明确电影课程的价值意义，明晰课程开发与组织实施的具体操作要点和流程，从而为一线教师开展电影课程提供具体指导。也就是说，要注重课程开发的可复制性、可操作性，给老师们带得走的能力，让他们真正看得懂、学得会：不仅能参照书中提供的范例组织与实施电影课程，还能根据自身的优势、自己班级学生的特点开发新的电影课程，形成具有自身特色的电影课程实践。

其二，电影课程应为学生搭建好成长的阶梯。所以，在课程的开发和具体实施中，不应侧重于电影思想的深度解读，而应以电影课程为平台，承载丰富多彩的电影活动，重视学生活动中呈现出来的所想所思。要通过这个课程丰富孩子的精神世界，提升学生的思维品质，提高学生的核心素养，给孩子的生命打上丰富的底色。

比如：电影《除夕的故事》给小学低段的孩子们提供了中国年文化的丰富故事，孩子们通过电影丰富了知识，又形成了对传统文化的认同。电影《你看起来很好吃》通过食肉恐龙哈特的成长经历，让孩子们体会到，要成长必须学会独立，必须学会正确认识自我，必须学会关爱他人，只有这样才能走出自我中心主义，才能形成正确的社会情感。

电影给孩子们提供了成长的范本。通过对一个又一个有意义的电影文本的聆听，孩子们产生深刻的共鸣，仿佛是自己的故事一样，最终使生命呈现多姿多彩的丰富性。

笔者一直坚信自己的一个简单、朴素的教育判断：班主任的育人活动一定是个性化、创造性和艺术性特质的有机统合。而王晓琳老师的团队的研究恰恰给我们提供了一个出色的范本，展示了他们独特的教育风格和研究理路。关于电影课程的实践与操作，他们特别强调了"教育力"的汇聚与穿越。

第一，"汇聚"强调的是师生精神上的高度融合。

通过电影课程，师生们围绕着一个伟大的事物凝聚在一起，师生之间有了共同的活动主题，有了共同的语言密码，有了共同的精神场域，有了共同的价值追求，从而形成了共同的愿景。电影成为班级生活的黏合剂和学生们的精神食粮。

第二，"穿越"强调师生参与的重要性。

他们开展的电影课程强调生命在场，强调每一个孩子的真正参与，从而引领每一个孩子的思考与成长。孩子们通过电影课程共同参与班级的电影活动，展现自己的才能，展示自己的作品，从而增强了自信心，养成了积极主动的心理品质。每一个班级最终展示出来的作品可以不是最精美的，但是因为是孩子们自己创造的，所以格外具有魅力。

第三，课程最高的目标是促进孩子的成长。

孩子们精神和人格的成长是开展电影课程的目的，电影课程真正关注的是教室里孩子的生存状态。所以电影的选择强调的是能体现正能量，课程的方向强调的是引导孩子们积极成长，带给孩子们正确的人生引领。

所以，电影课程中的每一部电影，他们都精挑细选；每一个主题，他们都精心策划；每一个环节，他们都精心设置：让电影的魅力在教室里持久散发生命的芬芳。

诗人泰戈尔曾说，"绿草是无愧于它所生长的伟大世界的"，凄凄芳草，默默无闻，它们静静地，在没人瞩目的自然时空里，完成着一次次优雅的绽放。历尽繁华锦绣，它们又回落成泥，回归给予它们丰厚滋养的土地。

无数像王晓琳老师一样的优秀的一线班主任，就是一线教育实践这块广袤天地中朴实无华的"小草"，他们不仅在日常的教学中尽自己的本分，教书育人，还不忘自己的担当和使命，竭尽所能，不懈研究，为脚下这片给他们提供成长给养的教育实践的沃土贡献自己的微薄之力。

相信，这些默默无闻的小草，才是构成教育实践这片沃土无限生机的基本底色！

迟希新

于北京小西天

序二
Preface

让电影成为助推儿童成长的生命阶梯

美国诗人惠特曼在《有一个孩子向前走去》中这样写道：

有一个孩子每天向前走去，
他看见最初的东西，他就变成那东西，
那东西就变成了他的一部分，在那一天，或者那一天的一部分，
或者几年，或者连绵很多年。
或者是早开的紫丁香，那么它会变成这个孩子的一部分，
还有那青草，那绚丽的朝霞，那红色白色的苜蓿草，以及那菲比鸟的
啾鸣，
……
母亲把一盘盘喷香的菜端到餐桌上，言语温和，穿戴整洁，
走过时身上和衣服上散发出健康的芳香，
……

这些都变成那个孩子的一部分。

那个天天向前走的孩子，

他正在走，

……

是啊，一个孩子向前走去，一个母亲向前走去，一个父亲向前走去，一个老师也向前走去，他们遇到的最初的事物，就成了他们的一部分。我们给孩子、家长和教师呈现的美好事物就是我们精心挑选的电影课程。

当这个世界给一个家庭送来一个孩子，这个家庭应该给孩子创造一个怎样的成长环境？不应只是物质上富足，更重要的是有精神的成长空间。这是每一个新孩子对世界的渴盼和诉求。

当一个母亲给学校送来一个孩子，我们应该营造什么样的学校生活？在孩子的学习生活中，有没有故事丰富孩子的童年？有没有童话带领孩子领略奇妙的世界？有没有诗歌润泽孩子的心田？有没有经典电影形象作为孩子们成长的榜样？

作为母亲，若干年后将还给世界一个怎样的人？作为学校，若干年后将还给母亲一个怎样的人？这是我们的家庭教育和学校教育所要认真思量的重要课题。

一间教室能给孩子带来什么，取决于教室桌椅之外的空白处流动着什么。所以我常常思考：我的教室里流动着什么？或者换句话说，在完成教学任务，提高学生成绩的基础上，我该如何提升学生的生命境界？

为了让孩子过上幸福而完整的教育生活，为了让孩子成长为独一无二的生命个体，我们基于孩子的心理特点和成长规律研发了阶梯教育电影实践课程，期冀通过电影的力量、教育和文化的力量，为孩子搭建成长的阶梯，塑造孩子的健康人格。

优秀教育电影是朝向孩子们的，可以树立榜样，塑造人格，引领成长，帮助他们解决成长中的各种问题；优秀教育电影也是朝向我们教师的，可以唤起我们对教育生活的思考，进而调整我们的教育状态，使我们的教育更美好。这就是教育电影的意义和价值所在。

　　让儿童在最合适的成长阶段遇到最适合他们心理发展需求的电影吧，这些电影将化为他们生命成长的阶梯！

王晓琳

于河南济源

理论篇：为什么要让电影课程进教室

什么是电影课程

一个卓越的课程背后一定有很深的文化底蕴。"农历的天空下"，课程背后是中国古典诗词的精华，是音乐、书法国画、民风民俗……而一个成熟的电影课程背后刻写的是古今中外各种情境下发生的具有重大意义的事件或者引人深思的故事。

我们开发的电影课程是根据学生在不同年龄阶段的心理特点和学段的规律，精选最适合学生观看的优秀电影，师生以电影文本为核心进行的一系列创造性的活动。

比如一年级的孩子，初到新学校，面对陌生的新环境，存在一个心理适应的过程。根据这一阶段学生的特点我们开设了适应性电影课程专题，通过《除夕的故事》这种贴合生活实际的电影课例，让每一个孩子迅速融入故事中，融入班级发展中；通过《雪孩子》这样的电影让孩子理解集体生活的相处之道是要学会接纳和宽容，学会为他人着想；通过《龙猫》《悬崖上的金鱼公主》这样的电影让孩子们懂得独立的重要性，通过自身的努力快速适应环境，顺利度过心理焦虑期。这样的专题会持续两个月的时间。孩子们通过理解电影故事，与电影故事中的人物对话，模拟电影中人物的处境，理解他们的选择，思考自身的发展，进而提升思考问题的能力、解决问题的能力、创造新故事的能力、进行自我教育的能力。

这需要漫长岁月的修炼，也需要一个又一个经典电影文本连续性地对学生进行引领和塑造。经过小学六年的穿越，我们与孩子一起经历了完整的小学电影课程。

电影课程是师生一道去完成的梦想，在电影课程中师生的生命都能得到成长，它提升的不仅是学生的知识水平与道德水平，更有生命境界的不断拓展——在岁月中积淀出属于自己班级的故事、语言、密码，拥有共同的"电影故事"，经历别样的生命旅程。儿童电影课程的核心是通过故事中的矛盾和人物内心的冲突揭示童年成长的秘密。经典儿童电影揭示了儿童成长中普遍的、共性的问题，可以让儿童通过角色自居直面这些问题，继而通过体验人物内心的挣扎与斗争找到解决这些问题的途径，变成一个更好的自己。

为什么要让电影课程走进教室

1. 当电影遇到孩子，电影带给孩子榜样和方向

我遇到过这样一位学生：生活完全是按照父母的安排进行的，高中选择了理科，但高考严重失利。高考过后回校复读，她决定作出自己的选择，于是理科转文科，开始了一段特别的征程。

在聊天中她告诉我，父亲是工科出身，高级工程师，擅长作研究，特别不善言谈。孩子形容说：如果给父亲一个研究项目，父亲会把自己关进小黑屋里三个月不出门，可以不与别人交流，完全生活在自己的世界里。在处理人际关系方面，孩子形容父亲"特别的低幼"。在教育方式上，父亲采取了高强度的魔鬼训练，最多的时候一天给孩子报了九个训练班：早上五点半起床跑步，然后是乒乓球训练、各学科培训、舞蹈艺术培训……直到晚上十点半，孩子精疲力竭，一天才痛苦地结束。

孩子说：老师，你无法想象对于一个五六岁的孩子来说，这是怎样一种既痛苦又无力摆脱的生活状态。我特别渴望在生活和成长中能有个榜样在精神上引领我，在思想上丰富我，在人际关系上点拨我，而不是让我在不断试错中成长，以至于走了很多弯路。

对孩子而言，寻找人格榜样，树立人生目标，确知自己要成为哪一类人，长大后成为谁，是成长中的重要课题。而我们开发的电影课程，给不同年龄阶段的孩子寻找到最适合他们观看的电影，帮助他们寻找到了人生榜样。他们的生活因为这些电影而明晰了方向，从而明亮起来。在电影的陪伴

下，他们以更积极的心态投入到自己丰富多彩的生活中。

2. 当电影走进班级，电影成为铸造班级灵魂的课程

《狮子王》的故事中，狮王木法沙温和地对儿子辛巴说："你看夜空中闪烁的星星，它们就是那些死去的国王们。有一天，我也会到那上面去的，但我将永远俯视着你，指引你生活的方向。"当我们仰望星空时，在遥远的天边看到了谁，有谁在遥远的天幕中俯视着我们？

魏智渊老师在《影响孩子一生的100部电影》的序中这样写道："在这个影视时代，电影应该被引进到家庭教育，甚至学校教育中，成为重要的课程资源。如果我们不能把那些美好的经典筛选出来，让它们成为孩子们的精神营养，在孩子们的生命中持久地发挥力量，那么，他们很容易简单地被票房电影所吸引，在'速度'与'激情'的撕扯下不断地成为碎片。"

家长和老师们，经常地陪孩子看部精心挑选的电影吧！沿着这些影像走过去，以此为路标再进入更多的影像，生命就在这个过程中逐渐深邃和丰盈起来。

这是一种积极而主动的相互书写，或许，孩子的一生将因这些电影的润泽而变得与众不同。因为电影是有力量的。

教室是师生共同生活和成长的地方，师生在教室里不仅共同缔造学习生活，更是在共同缔造我们的精神生活。我们以经典电影为平台，开展丰富多彩的电影活动，使教室里的活动丰富多彩，学校精神生活丰盈充实，这有助于我们打造优秀乃至卓越的班级。而且通过这些电影促使孩子们心理健康成长，能够正确应对成长中的各种困难和危机，为生命成长积累更多的积极因子。

在每间教室里开展"电影课程进课堂"的实践行动，就是用电影故事书写我们的教育传奇，创造一段温暖至极的电影旅程。

通过电影课程编织属于自己班级的教育叙事是电影教育的目的之一。每一个班级都能在这本书中寻找到属于自己的电影叙事，继而打造出自己班级独特的精神文化。

3. 当电影遇到教师，电影课程成为助推教师专业成长的途径

一切好的电影，总是蕴含着无穷的思考，教师通过优秀电影这种全息性的文本，可以感受到活生生的教育学，进而使电影成为明亮学校生活的一种方式。在小学和中学的各个阶段，利用丰富的电影资源开设电影课程，对学生进行理想教育和人格塑造是教师的专业发展能力之一。

对电影文本的解读有利于教师理解与自己朝夕相处的学生。比如《十三棵泡桐》让教师洞察了学生之间的另类江湖和规则，《关于莉莉周的一切》让教师感受到网络世界带给学生们精神世界的冲击。通过这样的电影教师可以理解学生的处境，采用行之有效的方式帮助学生面对各种挑战，得到积极健康的成长。

对电影文本的解读有助于教师理解各种类型的儿童，进而学会运用心理学的知识专业地引领儿童的成长。比如《地球上的星星》这类电影就告诉教师们，生命各有密码，每一位问题学生都有自己独特的问题成因，只有找到问题的症结才能真正发现问题、解决问题。这需要教师具有专业发展意识，提升自己的专业发展能力。

对电影文本的解读有助于教师理解自身职业的意义。比如《生命因你而动听》这样的电影有助于更深刻地理解教师职业对我们的存在的意义。《放牛班的春天》《死亡诗社》这样的电影给教师开发课程带来启示：优秀的课程一定能带给学生方向，能积极地影响孩子、塑造孩子、引领孩子。

从一部优秀电影开始，教师开始更深刻地理解儿童，更专业地帮助儿童，在使自己的业务能力得到提升的同时，彰显生命的意义和教师职业的尊严。

4. 当电影走进家庭，电影课程营造积极健康的家庭生活

家住上海的孙女士，有个 13 岁的女儿，课余时间经常玩孙女士的手机。有段时间，孙女士突然发现自己的 25 万元存款"不翼而飞"。再三追问之下，女儿承认一直在用妈妈的手机玩直播，并经常给自己喜爱的网络男主播"打赏"。每一笔消费少则几百，多则数千。为避免被发现，每次汇款成功

后，她都会悄悄地将提示短信删除。孩子抱着大人的手机玩，已经成了家庭中司空见惯的场景，许多家长对此不以为意，也不加阻拦。而在寒假期间，类似事件频频发生，有的地方甚至出现了家长抱团维权的情况。

这类案例随着互联网的发展层出不穷，我们的孩子受网络影响之深可见一斑。其实这样的案例说明我们的家庭教育出了严重的问题，我们的孩子在家庭中已经被网络游戏和电子产品控制了，孩子的课余时间全面让位给了电子产品。同时又说明我们的家庭教育和社会教育严重滞后，家庭中缺乏有效的教育方式和应对措施。而家长常常采取两种极端的方式：第一种方式是全面禁止电子产品对孩子的影响，家里不买电视、电脑。第二种方式是全面让位给电子产品，让电视和电脑控制孩子。这两种方式都不利于孩子的健康成长。

与电子产品争夺孩子成为家庭生活的头等大事。比粗暴方式更见奇效的是文化的力量。家长利用经典电影资源创造积极健康的家庭氛围，一家人围坐在一起，共同欣赏一部又一部经典影片，通过电影故事相互启迪，相互教育，相互成长……优秀电影的力量犹如春风化雨，悄悄地滋养一个又一个家庭，成为家庭共同的语言和精神密码。

电影课程承载的是电影，穿越的是时代，经历的是成长。在小学和中学的各个阶段，利用丰富的电影资源开设电影课程，对学生进行理想教育和人格塑造是我们的责任之一。

电影课程应顺应儿童发展的节奏

1. 心理学依据

我们开设电影课程的心理学依据是埃里克森的八阶段理论。埃里克森认为生命是由出生到死亡八个阶段所组成的。

年龄阶段	心理社会危机	对危机的不同解决 可获得不同的感受与品质	
0 至 2 岁	信任 / 不信任	安全感，希望之品质	恐惧感
2 至 4 岁	自主 / 羞怯	自我控制，意志之品质	自我怀疑
4 至 7 岁	主动 / 内疚	自信，目的之品质	无价值感
7 至 12 岁	勤奋 / 自卑	能力和智慧，能力之品质	缺乏能力感
12 至 18 岁	同一性 / 角色混乱	自我认同，诚实之品质	不确定感
成年早期	亲密 / 孤独	亲近他人，爱之品质	泛爱
成年中期	繁殖 / 停滞	关心他人，关心之品质	自私自利
成年晚期	完善感 / 失落感	满足感，智慧贤明之品质	失望

儿童在成长的每个阶段都会遇到成长的危机，危机是划分每个发展阶段的特征。同时埃里克森指出，作为每个发展阶段特征的危机兼有一个积极的解决办法和消极的解决办法。积极的解决办法有助于自我的增强，因而有助

于形成较好的顺应能力。消极的解决办法削弱了自我，阻碍了顺应能力的形成。埃里克森说，一旦某一阶段的危机得到积极的解决，那这个人的人格中就形成一种美德，美德是某些能够为一个人的自我增添力量的东西，形成一个人重要的道德品质。

所以，婴儿期重要的心理主题是克服恐惧，获得安全感，形成希望之品质；幼儿期重要的是学会自我控制，形成意志之品质。学龄初期和小学低段的儿童，重要的是认识自我，知道我是谁，形成自信感和目的之品质。

根据埃里克森的八阶段理论我们精选了在不同成长阶段最适宜儿童成长的电影，让儿童在成长的不同时期看到最适合他们心理特点的电影，进而让孩子们树立人生榜样，解决成长中面临的各种问题。这些电影将自觉潜进孩子的生命深处，成为其生命勃发的积极力量，有助于他们在人生每一阶段顺利形成相应的美德和能力。

2. 教育学依据

科尔伯格提出道德发展三个水平六个阶段的理论。其中，科尔伯格指出道德发展的三个水平是，前习俗水平、习俗水平、后习俗水平。

雷夫老师基于自己的教育实践和科尔伯格的理论，总结出了自己培养学生道德的六个阶段：

第一阶段：我不想惹麻烦；

第二阶段：我想要奖赏；

第三阶段：我想取悦某人；

第四阶段：我要遵守规则；

第五阶段：我能体贴别人；

第六阶段：我有自己的行为准则并奉行不悖。

雷夫老师所提倡的道德境界六阶段理论侧重的是精神品德的发展，给学生的精神成长搭建了可以提升的阶梯。

新教育根据科尔伯格的理论和雷夫的"道德境界发展的六个阶段"提出的学生道德图谱，分为三种境界六个阶段。

第一个境界：自然功利境界。它包括两个阶段：第一个阶段，我要逃避惩罚，我做好事是为了逃避惩罚，我不做我就要受到惩罚。第二个阶段，我要得到奖励，我做事情希望得到肯定和赞扬。实际上现在很多孩子的道德行为，主要是受这两个道德阶段的影响。

第二个境界：习俗归置境界。它包括两个阶段：第一个阶段，我要做个好孩子，我不是为了得到奖励和逃避惩罚做好孩子，我就是有一种做好孩子的愿望。第二个阶段，我要遵守规则，比如上网时我要遵守上网规则，游戏时我要遵守游戏规则，这个规则是大家共同制定出来的，所以我要遵守。

第三个境界：道德仁爱境界。它包括两个阶段：第一个阶段，将心比心，己所不欲，勿施于人。这比简单的服从规则又要高一个层次——不受外在因素的影响，完全是出自于内心的。第二个阶段，惠泽天下。

我们开发的阶梯电影课程，不仅遵循了孩子们成长的内在规律，而且尊重道德认知和道德行为发展的内在规律，提升了孩子们的道德发展境界。

3. 电影课程与读写绘

孩子三岁以前就会"涂鸦"，通过写写画画来理解和表达，这就是读写绘的雏形。读写绘是充分培养孩子的理解、口头和文字表达等能力的极好方式。

儿童生命要素发展表告诉我们读写绘适合的阶段在 4 到 9 岁，抓住这个最好的时段对学生的理解力、阅读力、创造力进行培养，会事半功倍。

读写绘简单来说是指师生共读绘本、儿歌、童诗、电影等，使孩子在美好的事物中心灵得到浸润，在幸福中不知不觉地成长。低年级孩子识字少，语言表达还不够精确，但是想象力丰富，形象思维活跃，绘本中的图画、电影故事中生动形象的表达能帮助孩子读懂故事。

读写绘借助的不仅是绘本，还可以借助经典童话故事、儿歌童谣、儿童电影来开展和进行。我们在低年级把读写绘与电影文本相结合，促进学生的阅读能力、理解能力、语言表达能力和创造能力的发展。

读写绘基本的操作流程是：读（绘本、诗歌、电影、故事、童书、生活）、写绘（模仿与续写、创作、绘画作文与绘画日记）、交流（听儿童讲述作品）、展示、存档。

在小学一二年级的电影课程开发中，我们通过电影文本与读写绘相结合，让孩子们看电影、讲故事、写感受、善表达、爱创作，锻炼孩子各方面的能力。

电影故事与读写绘相结合，不但能开启学生的想象力，培养学生的阅读兴趣和表达能力，而且能让信任、尊重、勇敢、宽容等美好的品德走进孩子心灵。

电影课程开发的整体规划

电影课程的整体规划具有阶梯性和阶段性的特点。小学低段把电影课程与孩子们的读写绘活动相融合，提升孩子们的理解、阅读以及创作水平。在小学中段和高段把电影课程与丰富多彩的班级活动相结合，开展电影人物写绘、电影海报创作、电影情节表演、电影故事续写、优秀影评评比等活动，使电影课程成为承载学生成长与发展的平台。同时，通过将电影课程与家庭教育结合起来，营造积极健康的家庭生活，让电影真正成为孩子们生活的一部分。

在全国优秀实验教师的推动下，在一批实验学校的整体推进中，我们积累了丰富的课程资源，创立了完整的小学电影课程体系，通过丰富的电影资源引领班级的发展、学生的成长、学校品质的提升。

小学一年级电影读本目录	
1.《除夕的故事》	电影主题：了解年文化，培养对优秀传统文化的兴趣。
2.《没头脑和不高兴》	电影主题：教育孩子们正确认识并勇于改正自己的缺点。
3.《雪孩子》	电影主题：教育孩子正确处理同伴关系，学会为他人和集体着想。
4.《101斑点狗》	电影主题：教育孩子们学会团结一心，互帮互助战胜困难。
5.《你看起来很好吃》	电影主题：教育孩子们学会独立，离开是一种真正的成长。

小学一年级电影读本目录	
其他推荐： 1.《海底总动员》。电影主题：为了成长，勇敢出发。 2.《狐狸与孩子》。电影主题：区分爱与占有。 3.《海蒂》。电影主题：理解爱与亲情的珍贵。	

小学二年级电影读本目录	
1.《木偶奇遇记》	电影主题：学会做一个诚实的孩子，学会在犯错中成长。
2.《天书奇谭》	电影主题：学会明辨是非，形成正确的价值观。
3.《大闹天宫》	电影主题：无法无天的童年时代，需要拥有一颗朝圣的心。
4.《大圣归来》	电影主题：只要拥有一颗勇敢的心，最终能找回自我。
5.《小男孩》	电影主题：爱与信仰的力量可以帮助你走出任何困境。
其他推荐： 1.《七只乌鸦》。电影主题：学会在接纳和爱中成长。 2.《忠犬八公》。电影主题：学会理解父母，接纳宽容。 3.《快乐的大脚》。电影主题：当不被同伴理解时，坚持做自己。	

小学三年级电影读本目录	
1.《千与千寻》	电影主题：劳动和勤奋是改变自身状态的最好方式。
2.《花木兰》	电影主题：女子当自强，遇到困难要敢于面对。
3.《南国野兽》	电影主题：爱与友谊是治愈一切的良药。
4.《驯龙高手》	电影主题：天生我材必有用，最差的你也可以成为英雄。
5.《疯狂动物城》	电影主题：敢于梦想，敢于成功。
其他推荐： 1.《伴你高飞》。电影主题：陪伴是最好的成长。 2.《小飞侠彼得潘》。电影主题：成长就是要学会告别永无岛。 3.《疯狂原始人》。电影主题：勇敢走出过去，勇于接受生活的挑战。	

小学四年级电影读本目录	
1.《天堂的孩子》	电影主题：苦难和挫折是成长最好的营养。
2.《南极大冒险》	电影主题：勇于承担起属于自己的责任和使命。
3.《追风筝的人》	电影主题：学会面对并勇于改正错误。
4.《狮子王》	电影主题：遇到困难不要逃避，要学会勇敢面对。
5.《河童之夏》	电影主题：接纳、宽容、友谊、人与自然的关系。
其他推荐： 1.《菊次郎的夏天》。电影主题：一个男孩子成长为一个男人的成长故事。 2.《父亲的荣耀》。电影主题：理解父亲，以父亲为荣。 3.《母亲的城堡》。电影主题：理解母亲，以母亲为骄傲。	

小学五年级电影读本目录	
1.《小王子》	电影主题：梦想和驯养的力量。
2.《想飞的钢琴少年》	电影主题：遇到问题要学会思考并作出正确的选择。
3.《外星人 E.T.》	电影主题：宽容与接纳，是建立信任感的前提。
4.《冰雪奇缘》	电影主题：重新认识自我，接纳好的自己和不好的自己。
5.《夏洛特的网》	电影主题：在奉献中实现生命的意义。
其他推荐： 1.《功夫熊猫》。电影主题：不尝试就不知道自己有多优秀。 2.《勇敢传说》。电影主题：真正的勇敢是勇于承认并改正错误。 3.《阿薇尔与虚拟世界》。电影主题：用另一种方式理解这个世界的一切。	

小学六年电影读本目录	
1.《魔戒》（又称《指环王》）	电影主题：关于责任、使命带来的奇幻魅力。
2.《伴我同行》	电影主题：真正的朋友，使双方变成更好的人。
3.《城南旧事》	电影主题：童年往事中的爱与感动。

小学六年电影读本目录	
4.《怦然心动》	电影主题：引导孩子正确认识童年的那些情感。
5.《人工智能》	电影主题：关于对母爱的理解与人类的发展。
其他推荐： 1.《摔跤吧！爸爸》。电影主题：奋斗才得到尊严和自由。 2.《雨果》。电影主题：永远保持一颗造梦的心。 3.《海洋奇缘》。电影主题：行动才是改变世界的重要力量。	

电影选择的原则和考量

1. 积极主动的一年级

根据埃里克森的八阶段理论，4至7岁这一阶段儿童心理处于主动对内疚的心理发展阶段。

这一阶段儿童面对的问题是需要离开家庭进入幼儿园或者升入小学，他们开始面临进入社会生活的挑战。儿童必须学会怎样与其他人一起玩、一起做事，怎样解决不可避免的冲突。儿童通过寻找游戏玩伴以及参与其他的社会性活动，使他们的主动性得到发展。这样会在他们人格中形成自信和目的之品质。

所以小学一年级电影课程的任务是解决学生离开家长进入学校而产生的分离焦虑的问题。这一学年儿童阶梯电影的主题是通过电影让孩子们克服自己的心理困境，适应学校的生活，进而通过探索对自己充满信心，对他人充满信任，懂得爱与占有的区别。

第一部电影选择了《除夕的故事》，电影既符合一年级的年龄特点，又生动有趣贴近生活。电影课程以及相关活动的开展可以帮助孩子们顺利融入学校生活，并获得参与感与成就感，从而热爱新学校，热爱新生活。

这一阶段的孩子在道德发展阶段上处于第一阶段：我不想惹麻烦。进入小学阶段的孩子面临的首要问题是熟悉学校的生活规则，克服在家庭中养成的错误习惯。减少麻烦的产生有助于孩子获得融入感，于是我们选择了《没头脑和不高兴》，通过电影让孩子们明白哪些品质和习惯是符合社会要求和期待的，哪些是不好的，进而懂得及时改正，让自己成为一个更好的人。

《雪孩子》和《101斑点狗》帮助孩子克服在家庭中形成的"我就是中心，你们都要围着我转"的想法，教会孩子们在集体生活中学会与他人相处，学会帮助别人从而赢得别人的尊重，学会获得别人的帮助。这是孩子开始学校生活应学会的良好习惯和品质，是顺利进行集体生活的重要转折。

《你看起来很好吃》的故事让孩子们学会独立，真正的成长是从学会独立开始的。

小学一年级电影课程的目的是培养学生积极主动的心理品质。根据这一阶段的心理发展特质我们精选了多部儿童电影，通过电影理解儿童，引领其成长。

2. 阳光乐观的二年级

相较于一年级，二年级孩子已经熟悉了学校的环境和学校生活的规则。在学习生活中有些人进步快，有些人进步慢。在集体生活中，会有各种矛盾和冲突的产生，面对这种情况应增强孩子们的耐挫感，进而能积极寻找解决问题的方法，培养积极阳光的心理品质。小学二年级这一学年儿童阶梯电影的主题是通过电影让孩子们克服自身的弱点与缺点，学会在探索与试错中找到正确的成长方式，勇敢接受学校生活的挑战，从而培养儿童乐观阳光的性格特征。

电影《木偶奇遇记》呈现的是一个孩子怎样成为好孩子的过程，成为好孩子的愿望支配着匹诺曹的一切，但他又面临着要克服撒谎、逃学、懒惰等缺点，克服了这些缺点才能实现道德境界的提升。电影告诉孩子要敢于在犯错中去经历，在经历中认识错误并勇于改正错误。电影远比空洞的说教更能打动孩子，更能走进孩子的内心世界。

《天书奇谭》用神话传达了一种社会规则，告知孩子们社会期待他们所应具有的道德品质。通过这一电影，孩子们懂得了分辨善恶，明确了自己要成为更好的人。

从儿童的道德发展阶段来说，此时的孩子具备"我要成为一个好孩子"

的愿望，成为一个好孩子意味着呈现自身的缺点，并战胜自身的缺点，成为一个真正的好孩子。

电影《大闹天宫》和《大圣归来》讲的是男孩成长的故事。孩子总有无法无天的童年时光，当他们来到学校，规则和秩序会降落到他们身上，他们对规则和约束有一个反抗、认同和接受的过程，而真正意义上的成长则是成为既勇敢无畏又能遵守规则和秩序的好孩子。这两部电影呈现了儿童这种既矛盾又抗争的心态。

《小男孩》讲的是有关信仰的故事，小男孩的信仰是父亲能够回来。只有信仰还不够，重要的是行动，在力所能及的范围内，学会通过行动，通过爱，使信仰变成现实。小男孩的意愿清单让他学会了接纳、爱、合作、勇敢，它们正是儿童成长过程中所应具备的美好的品质。

从道德发展阶段看，这一阶段的孩子已经发展到"我想做个好人""我想要奖赏"的阶段，所以我们的教育要善于抓住儿童这一阶段的心理特点培养儿童阳光乐观的良好心理品质。

3.勤奋自信的三年级

根据埃里克森的八阶段理论，7至9岁这一阶段儿童的心理特征处于勤奋对自卑阶段。

小学三年级是学生的思维方式和成绩发生转折的关键时期。这一阶段儿童开始面对学习上的困难，为学习成绩、为得到大家的欢迎、为引起老师的注意、为体育比赛中的胜利等开始与别的孩子展开竞争。他们不可避免地要将自己的聪明和能力与同龄儿童进行比较。在学习生活和竞争中如果儿童体验到了成功感，他们就会进入良性的教育学循环。而要在学习和竞争中获胜必须让勤奋成为生活的习惯，养成勤奋感，进而在人格中形成能力之品质。

如果孩子不能适应这一挑战，他的人格中会产生自卑感和缺乏能力的消极心理品质，严重的会发展成自卑情结，对今后的创造与生活都会产生消极影响，进入恶性的教育学循环。

所以，三年级的电影，重要的是培养学生的理性和辩证思维，提高其分辨是非的能力，通过认识自我、学会承担培养勤奋感和自信心。

电影《千与千寻》讲的是寻找自我的故事。电影中父母犯了贪吃的错误，千寻没有成为像父母一样贪吃自私的人，也没有被汤婆婆的权威恐吓住。孩子们通过电影明白这种错误的危害，进而会像千寻一样寻找积极的解决方法。无论是在现实世界中还是在神隐世界中，孩子们明白，必须通过劳动和勤奋才能找到解决问题的办法，从而有助于培养勤奋感，形成美好的心理品质，也明白了自己是谁、应该做什么的人生命题。

电影《花木兰》讲的是美国版花木兰的故事，取材于中国的传统民间故事，但优秀与经典是不分国界的，民族的也是世界的。花木兰的故事被世界各国喜爱，在于她积极主动的担当精神：遇到困难与危险并不是一味地退缩和哭泣，她勇敢地拿起了她的剑，像个男人一样，像个英雄一样敢于投入到战斗中，又充满了智慧和灵性。花木兰的形象是理想女性的典型，也是现代女性应具有的良好的心理品质和素质的综合体。

电影《南国野兽》讲的是爱与成长的故事。电影中的小玉米和父亲居住的环境非常恶劣，但父亲一直教育小玉米要独立自主，要学会独自生存，劳动勤奋是养活自己的最好的方式。电影中还涉及自由和勇敢的主题。电影中有困境，但更多的是在困境中寻找自由，自由和自信是一个人获得良好自我感觉的强大动力。

电影《驯龙高手》讲的是英雄成长的神话故事：最弱的男孩如何通过经历和考验，拯救一个种族，从而成为真正的英雄。与维京人不同的是英雄不是靠力量去取得绝对的胜利，而是通过接纳去赢得对方的认同。当然，由弱变强是需要艰苦地训练，克服种种艰难险阻的，幸运的是小嗝嗝的身边还有一群同样努力的小伙伴。电影让孩子们明白，真正的强大是集体的强大，真正的成长是通过自身的成长带动周围人的成长。

电影《疯狂动物城》涉及了人性的弱点、人们固有的偏见，教育孩子们对不理解的事物要学会接纳和宽容。电影讲述了朱迪疯狂的梦想、疯狂的意志、疯狂的行动，教育孩子们不要放弃梦想，不要放弃努力，不要放弃行动，当你竭尽全力，全世界都会为你让路。

4. 富有同理心的四年级

小学四年级的儿童，从道德发展阶段来看，发展到"我能体贴别人"的阶段。

四年级这一学年我们提供给孩子们丰富的成长故事，通过电影故事促使他们在心态上学会接纳、宽容，在行动上学会合作与探索，在人际关系上通过同伴间、亲人间的教育获得成长的力量，从而给生命的发展打上丰富的底色。

电影《天堂的孩子》讲的是一对生活在穷困家庭环境中的兄妹，虽身处逆境，却不抱怨不自卑，为了一双鞋子与生活抗争的故事。他们的理想是得到一双运动鞋，以摆脱两人上学同穿一双鞋的窘境，理想很卑微。兄妹二人为了在比赛中赢得这样一双鞋子而开始了奋斗。这种积极向上的力量尤其打动人。现在的孩子在物质上从未体验过缺失，但精神世界却是苍白无力的。

电影《南极大冒险》，不只是一个关于冒险的故事，冒险只是线索，电影通过冒险体现了责任与承担的重要性。电影中人与狗的故事非常打动人，狗为人类做到了自身能做到的一切，而人类也应为狗尽到自己力所能及的责任。电影打动我们的是责任和担当：属于自己的责任不能推给别人，勇敢承担并付诸行动就能寻找到解决问题的方法。孩子们从电影中感受到这种力量的影响，从而在他们生命深处种下关于责任和担当的种子。

电影《追风筝的人》的主人公，在少年时代犯了错误，对儿时的玩伴哈桑造成了伤害，但由于不敢面对又远走他乡，这成为他多年的心结。在他成年后，他开始勇敢地面对自己犯下的错，并用行动去改正自己的错误，从而变成了一个真正勇敢的人，也变成了一个追求善良正义的人。

电影《狮子王》讲的是一个克服懦弱、胆小、逃避，从而勇于承担使命的故事。每个人在成长过程中都会遇到挫折，都有会妥协和迷失的时刻，但关键时刻要听从成长的召唤，认清自己的责任，认清自己的位置，勇于承担使命，这样才能成为精神世界荣耀石上的国王。

电影《河童之夏》涉及了人与自然、同伴的关系，接纳和宽容等重大的主题，从主人公康一身上孩子们可以学到善于为他人着想的品质。康一对菊池由抗拒到接纳，因为他理解了菊池的处境，具有了心理学意义上的同理心，所以才能与菊池成为好朋友。康一与河童小酷之间友谊的确立也是因为他们一家诚心接纳小酷，理解小酷的处境，能设身处地地为小酷着想。电影中父母的教育也是极为值得借鉴的，电影让孩子们看到成长中很多珍贵的品质。

所有这些电影，都培养了孩子美好的品质、坚强的性格、积极健康的心态，给孩子们的成长打上了丰富的生命底色，使他们拥有良好的同理心和良好的同伴关系，从而顺利实现成长。

5.科学理性的五年级

10—11岁这一阶段的儿童心理特征上已经日趋成熟，孩子在学校和家庭中形成了自己的生活风格，思维发展上遇到一个重大转折期。小学中低段的儿童的思维方式侧重于形象思维，而小学高段的孩子思维方式上存在由具体形象思维到抽象逻辑思维的过渡，这是一个"关键的年龄"阶段。

为了适应儿童心理品质的发展，在小学五年级可通过电影课程培养学生理性的思维品质。

电影《小王子》讲的是相互接纳和认同的故事，故事教会孩子们如何建立友谊，如何维护友谊。世间最难是真情，这种人与人之间的真情以童话的方式表现出来具有别样的意义。电影把童话与现实相结合，把小王子与小女孩的经历相重合，让孩子们感同身受，加深了理解。

电影《想飞的钢琴少年》讲了一个天才少年的故事，故事中的主人公一直在寻找自我，他不愿意像父母期望的那样成为被培养的天才，成为父母的炫耀品，而是果断地听从内心的声音。他知道他的天赋不应是被人摆布的，消极被动的，而应是为了使这个世界变得更美好。所以他对钢琴学习和自己天赋的认知有了一个重大的转变，进而实现了个人人格和道德境界的提升。

电影《外星人E.T.》讲的是理解与接纳的故事。人们对于自己不了解的事物，往往心存恐惧。而电影中的主人公，教给孩子们一种积极开放的心态，要用接纳和宽容去对待新事物，从而打开了通向世界的秘密通道。

电影《冰雪奇缘》有利于引导孩子们顺利克服叛逆情绪。叛逆是孩子独立探索的尝试，是自我成长中必然要经历的一部分。孩子们的尝试，可能是对的，也可能是错的。但不尝试怎么知道对与错呢？所以当孩子挑战了父母的权威和学校的规则时，父母和老师不要一味地去压制，而是要沟通和引导。在这一过程中父母和孩子都需要转变，父母要转变的是看待问题的方式，孩子要转变的是对自己行为的认识，真正认识到自己的错误，并勇于改正，这样的勇敢才是真正的勇敢。

电影《夏洛特的网》讲的是寻找人生意义与生命价值的故事。电影中的小女孩和蜘蛛夏洛特都把生命的价值放在救助小猪威尔伯的身上。为此他们组成了一个团队，包括自私的老鼠坦普尔顿都因此而获得了转变，实现了自身的价值。所有这一切都告诉孩子们，因你的存在而这让个世界变得更美好是一件多么幸福的事情。你是谁的夏洛特，应成为班级的精神密码；让别人因我的存在而幸福，应成为孩子们道德品格提升的重要助力。

6. 勇于承担的六年级

从学龄发展阶段来说，小学六年级的孩子学业上面临升入初中的学业挑战。智力发展在浪漫期积累的基础上进入智力发展的精确期。孩子们无论在生活和学业上，还是生理和心理上，都面临着一系列的挑战。

这一阶段阶梯电影的任务是通过理想与信仰、坚守与放弃、努力与坚持、理解青春等丰富的主题引导学生形成直面现实，勇于接受挑战的心理品质。

电影《魔戒》讲的是关于责任与使命的故事，故事中有对未来世界的设想，更有对人类行为的理性反思。弗罗多是被唤醒的责任和使命的象征，每个孩子的内心都沉睡着一个弗罗多，每个孩子都需要被唤醒。

电影《伴我同行》讲的是关于同伴关系的故事。孩子们在良好的同伴关系中获得心灵的慰藉，获得支持。良好的同伴关系，是孩子们能健康成长的重要因素。电影涉及了死亡这一主题，孩子们通过电影中的历险故事，经历死亡，理解死亡，尊重死亡，从而更加珍惜生命，更加重视生存的价值和意义。这部电影是对学生进行生命教育的很好的素材。

电影《城南旧事》讲的是对童年的回忆。小学六年级这一阶段，孩子们要小学毕业了，要告别童年进入少年时代。但童年中那些影响孩子生活的重要的他人、重要的事都是他人生的磨刀石。电影教育孩子们珍惜自己的童年，学会明辨是非，铭记美好，在未来的生活中创造一个新的自己。

电影《怦然心动》描写的是童年时代的美好情感。这种情感不一定是爱情，但一定会使你变得更美好。现在的孩子普遍早熟，但又不会处理突如其来的感情问题，所以在小学六年级可以渐渐渗透感情教育的主题，通过电影让孩子们看到情感变化的线索，引导孩子们学会正确处理和引导这些情感。这才是对孩子真正的守护，也是电影的真正意义——让孩子获得真正的成长。

电影《人工智能》讲的是关于爱的故事。真正意义上的母爱超越了血缘，超越了亲情。真正的爱是在共同生活中形成的，所以电影中的大卫渴望与母亲共同生活。这是一个寻找爱，创造爱，从而变成真正男孩子的故事。谁能说电影中的机器男孩不是真正的孩子呢?

这就是力量，电影的力量。

电影课程的定位和目的

定位之一：使本书成为孩子们可独立使用的电影课程读本。

我们在本书的结构上设计了丰富的适合学生参与的环节，通过学生对电影文本的聆听、与老师的互动探讨、班级表演、海报创作、读写绘的结合、电影续编、影评深化等环节，一方面增强学生对电影故事的理解，另一方面让学生展示自己的特长，又能创造自己的故事。所以此书有助于学生提升自我素养，丰富学生的精神世界，提升学生的思维品质，提高学生的核心素养。

定位之二：使本书成为教师开展电影课程的参考性用书。

开发课程是教师应具备的专业能力。而电影课程的开发国内目前还处于各个学校自发探索阶段，侧重于教师在教室里的个性化解读。我们希望这本书的出版能为教师开发电影课程提供有益的借鉴。

目的之一：促进孩子的健康成长。

我们选择的电影都是体现正能量的经典电影，能给孩子的成长以引领。电影中的主人公都是积极励志的，他们帮助孩子们解决问题，他们成为孩子们成长的榜样。

比如我们推荐的电影《勇敢传说》，教会孩子们与父母发生冲突时，反思自己的错误，明白对父母的爱始终是占主导地位的，并通过改正错误去弥补自己犯下的过失。这是孩子内在的真正的成长。

丰富多彩的电影活动呈现了孩子们的成长过程，展示了孩子们的才艺特长，促进了写作水平的提高，提升了语言表达能力，深化了理性思维能力。所以，孩子们精神和人格的成长是开展电影课程的目的，我们的电影课程真正关注的是教室里孩子们的生存的状态。

目的之二：提高学生的核心素养。

2014 年 3 月 30 日，在教育部印发的《关于全面深化课程改革　落实立德树人的根本任务的意见》中，"核心素养"被置于深化课程改革，落实立德树人目标的基础地位。2016 年 2 月《中国学生发展核心素养（征求意见稿）》发布，引起广泛热议。当前，核心素养已是基础教育改革最热词。所以大部分学校在校本课程的设置上都把提高学生的核心素养作为课程开发的标准。电影课程的开发与应用，为落实国家课程改革方案，推进素质教育的实施，研究、开发和实施校本课程，构建新的课程体系作出了探索式的实践。我们通过丰富优秀的影视资源使学生形成良好的自我认知，开阔学生的视野，提高学生辨别真善美与假恶丑的能力，有助于学生人文底蕴、科学精神、学会学习、健康生活、责任担当、实践创新等核心素养的发展。

电影课程的实践与操作

1. 电影课程的实践与操作需要特别注意的是汇聚与穿越

（1）汇聚强调的是师生精神上的高度融合。

一个班级要凝聚成一个整体必须有核心与灵魂的引领，而能成为班级核心和灵魂的事物之一便是师生共同创造的课程。课程能够汇聚人，使每位学生一个都不能少地参与其中，师生们围绕着一个伟大的事物凝聚在一起。因为电影的故事师生之间有了共同的活动主题，有了共同的语言密码，有了共同的精神场域，有了共同的价值追求，从而激发了共同的愿景。电影成为班级生活的黏合剂和学生们的精神食粮。

（2）穿越强调师生参与的重要性。

电影课程强调穿越。电影课程的创造不是一朝一夕的事情，而是强调一年甚至几年的穿越，每周一部电影，每月一个专题，每年一个周期。六年下来，孩子们穿越的不只是时间，还会通过电影课程积累丰富的知识、理性的思维、强大的精神力量。电影课程强调生命在场，强调创造的过程，强调每一位孩子的真正参与。

因为电影课程是教师和孩子们自己独特的创造性活动，所以具有独特的生命芳香。

2. 电影课程的最高境界体现诗与思的结合

成长必须是诗性的，孩子的成长过程必须有诗歌、写绘、电影、故事等丰富的精神营养，所以我们提供的丰富的影视资源首先是诗性的，这些诗意的浪漫会给孩子们的生命打上丰富的底色。这些丰富多彩的故事营造的精神环境对孩子是一种无声的滋养，孩子们从电影故事中得到自我教育，而不是强硬的灌输。

电影课程呈现出来的是孩子们与电影文本之间的互动与交流，通过这种互动孩子们理解电影中人物的选择，并能分辨这种选择是否正确，进而学会反思自己的生活状态，创造属于自己的美好生活，回归人的成长本身。

如果电影课程只是呈现了丰富多彩的诗性的一面，必会缺失深度和精华。而仅呈现思性的电影课程缺少诗意的丰富，必定不会引起孩子们的深刻共鸣。

所以，电影课程必定是由诗抵思发展着的。这就启示教师在电影课程的实践活动中，不仅要完整呈现电影故事本身，更要呈现对电影故事的解读，以对孩子们有精神意义上的引领。

3. 电影课程的设计呈现阶梯性，与道德境界的引领相一致

根据小学一年级学生的现实处境和心理特点，电影课程侧重抚平孩子们离开家庭生活所产生的焦虑感，培养学生积极主动的心理品质。引导孩子熟悉学校集体生活的规则并能自觉遵守这些规则，在道德境界上进入最初的"我不想惹麻烦"的阶段。

小学二年级的电影课程侧重于引导孩们正确认识并克服自身的缺陷，培养积健康的心理品质。这一阶段电影课程的任务是引导孩子努力修正自己，在道德境界上发展到"我想做个好人""我想要奖赏"的阶段。

小学三年级的电影课程引导孩子们让勤奋成为生活的习惯，这不仅是一个健康正常的人所应具备的良好品质，也是社会所需要的。在道德境界上引领孩子发展到"我能取悦某人"的阶段。

小学四年级的电影课程侧重于培养学生的同理心，像《南极大冒险》《狮子王》这样的电影都能培养学生的同理心，使其获得真正意义上的成长。在道德境界上引领孩子们发展到"我能体谅别人"的阶段。

小学五年级的孩子心理上已经日趋成熟，电影课程侧重于引领孩子们科学理性思维的形成。

小学六年级面临升学的压力，他们要面临新的任务，接受新的使命，所以必须培养他们的责任感和担当精神。在道德境界上他们需要明白生命的意义，明白社会规则乃至人类的道德规则。比如《魔戒》《伴我同行》这类电影，引领孩子们在道德境界上发展到高级阶段，学会有自己的行为准则并奉行不悖。

所以，我们的电影课程呈现对孩子精神世界的阶梯性引领，符合儿童心理成长的规律。

4. 关于电影操作的建议

（1）电影的选择上根据实际情况确定电影题材。

教师要根据班级和孩子心理发展的状况选择合适的电影。每一部电影的选择力求能解决班级的一类实际问题，或者达到对孩子精神境界的引领。

（2）电影的播放内容上可根据情形进行适当的剪辑。

在观看电影之前教师一定要先把电影看上几遍，对电影的情节和故事有清晰的把握，对于电影故事中出现的不适宜的片段，或者不能正向引领的故事情节要提前做好剪辑。

（3）观影方式上可进行灵活的选择。

观影方式上我们有几种建议：第一，班级集体共看同一部电影，但需要学生在学校生活里有足够的时间，这种方式有助于营造良好的观影氛围，调动孩子们的注意力和思考力。第二，师生观看剪辑过的电影，只是一定程度上会影响故事情节的完整性。第三，家庭共看同一部电影。教师可以把电影视频或者是下载方式以一种合适的方式提供给家长。利用周末时间父母和孩子在家庭中共看同一部电影，这既有助于营造良好的家庭氛围，也给家庭创造了共同的话题。

（4）观影节奏的把握上要灵活多变。

有些教师在实践中，在观影前设置需要思考的问题，引领孩子们在观影过程中进行思考，以提高学生的注意力。有些教师是在观影过程中适当暂停，及时提出问题。有些教师是在学生们观看后再提出相关问题。这些方式都可以进行尝试，看看哪种方式效果更好。

（5）电影班会可形式多样。

有些教师在电影班会的开展上采取了教师设计问题引领学生思考的方式，教师可灵活掌握研讨的节奏。有些教师在实践中采取了让学生提出问题的方式，这有助于激发学生的积极性和主动性，明白学生对电影文本的理解达到了什么程度和水平，教师再进行适当的点拨，就会有精彩至极的课堂效果。

（6）电影活动的深化上要丰富多彩。

电影课程必然承载着丰富多彩的活动，如何进行活动，进行哪些活动，不需要有固定的模式，教师可根据自己班级的实际情况进行调整。有些教师开展了精彩的电影海报创作比赛，有些教师结合电影进行了读写绘的创作，有些教师进行了演一演、唱一唱等表演活动，有些教师发动学生和家长写影评，有些教师进行了故事续编、故事仿写等创造性的活动。电影活动没有定式，只要是能激发学生兴趣，促进学生成长的创造性活动都值得尝试。

（7）电影主题要深化成班级主题。

电影课程研讨过程中，师生共同提炼出电影的主题，比如《夏洛特的网》的电影主题是"让别人因你的存在而幸福"。观影结束之后，可以把电影主题深化成"你是谁的夏洛特"，使其成为班级的精神密码，形成持续的精神引领。

（8）期末电影叙事。

经过一学期的电影课程的润泽，你们的班级已经积累了丰富的影视素材，提炼了丰富的电影主题，进行了形式多样的电影活动。每一次活动师生要做好记录和资料的积累，在学期即将结束的时候进行班级电影叙事，或者期末电影庆典，大家坐在一起重新回忆这一学期走过的路，看过的电影，进行的活动，一定是满满的感动。

这就是你们的创造，这就是你们的课程，这就是你们的精彩，这就是电影的力量。

实践篇：这样搭建学生的成长阶梯

1 积极主动的一年级

小学一年级的儿童面对的问题是需要离开家庭升入小学，他们开始面临进入社会生活的挑战。儿童必须学会怎样与其他人一起玩、一起做事，怎样解决不可避免的冲突。儿童通过寻找游戏玩伴以及参与社会性活动，使自己的主动性得到发展。

　　所以小学一年级电影课程的任务是解决学生离开家长进入学校而产生的分离焦虑的问题，这一学年儿童阶梯电影的主题是通过电影让孩子们克服自己的心理困境，适应学校的生活，进而通过探索对自己充满信心，对他人充满信任，懂得爱与占有的区别。

有一种文化叫过年

(《除夕的故事》)

电影的教育价值

在小学一年级给孩子看这部电影，目的是对孩子进行传统文化的教育，以孩子们最熟悉、最亲切的经历为出发点引发他们的感想，激发他们的创作热情，提升孩子的传统文化素养。另外通过观影这种活动让孩子们积极参与集体活动，顺利融入集体生活。

观影准备

1. 我们班的电影海报

2. 带着问题看电影

（1）在电影中你发现了哪些与过年相关的事物？

（2）怪兽夕最致命的弱点是什么？年是如何降服夕的？你能演一演说一说吗？

（3）为什么人们会给灶王爷塞糖瓜？大家想让灶王干什么？

（4）为什么神农不亲自下来斩妖除魔？神农交给年的两个宝贝是什么？这两个宝贝就是现在我们过年常用的什么东西？

（5）除电影中的过年风俗，生活中你还知道哪些过年风俗？你们平时过年是怎么庆祝的？

🎥 电影班会

1. 老师和你聊电影

（1）说说你眼中的怪兽夕。

师：看完电影后，大家心里一定都有不同的收获，现在我们简单地进行一下探讨。首先，孙老师想问一下：你们觉得夕是一个怎样的怪兽呢？为什么？

生：我觉得夕是一个恐怖的怪兽，它的样子很吓人。

师：嗯，你是从夕的样子上去感受的。

生：我认为夕是一只很贪吃的怪兽，你看电影中它吃了人们的许多东西。

师：你看到了它的大食量。

生：老师，我认为夕是一个力大无比的怪兽，它居然把房屋给推倒了。

生：我觉得夕很暴躁。

生：我看夕就是个大坏蛋，它会破坏农民的庄稼与房屋。

师：我观察到咱们班的同学看电影时都特别认真哦！那你们知道怪兽夕最致命的弱点是什么吗？它最怕什么呢？

生：我知道，它怕鞭炮和声响，有声响了它就躲在草堆后面。

生：怪兽夕还怕红色。它看见红色就跑了。

师：人们见到可恶的怪兽夕是怎么样的呢？

生：白天大家见到它就飞快地丢下了工具，晚上大家一看它来了就马上吹灭了蜡烛，有的人赶紧关上了窗户，躲进屋子里。

生：大家都吓坏了。

（2）聊聊灶王爷。

师：是呀！夕既可怕又具有破坏力，人们请谁来帮忙除掉它？结果如何？

生：人们请灶王爷来帮忙，可是灶王爷也打不过怪兽夕。

师：那灶王爷到谁那里搬救兵呢？

生：到神农那儿。

师：孩子们，你们注意到这样一个细节了吗：当灶王爷上天搬救兵时，人们让他带上了什么？谁还记得？

生：人们让他带上了糖瓜，让他上天搬救兵时多说好话。

师：是的，在过年之前还有个传统节日叫"祭灶节"。每年的腊月二十三，人们会在灶王爷的画像前供放糖瓜、糕点、水果（比如桔子、甘蔗什么的）等进行祭拜。人们让灶王爷带上糖瓜，嘴巴变甜，上天后多说好话。你们家里有"祭灶节"活动吗？

生：有，我们祭灶时吃许多糖果、水果等，可开心了。

师：灶王爷最后请了哪个救兵来帮他呢？

生：他请了神农的孙子年来帮忙。

（3）谈谈小英雄——年。

师：谁来说说，故事中的年带给你什么感觉？为什么？

生：我觉得年特别活泼可爱，他还十分勇敢呢！因为他敢打怪兽夕。

生：我觉得年很厉害。

生：我觉得年长得挺奇怪。

师：是呀，他可不是一般的人间小孩子。他是天上神农的孙子。他还有两个法宝呢，你们看到了吗？

生：一个宝贝是一甩就会有响声的竹筒。

生：我知道还有一个红色的绸带。

师：电影中当年拿出这两个宝贝时，怪兽夕有什么变化？

生：怪兽夕看到红色的不敢靠近，一听到竹筒发出的声响就马上躲起来。

师：同学们都看得特别仔细，的确是这样。夕最致命的弱点就是怕火、怕红色、怕巨响。所以年用的两件法宝名叫万彩红绸和霹雳竹筒，并演变成了现在的春联和爆竹。后来，人们把腊月三十这天称为"除夕"，而为了纪念"除夕英雄"，就把正月初一叫作"年"。初一，就要欢欢喜喜"迎新年"。现在，人们一到过年就用穿红衣、贴红色春联、放鞭炮、放焰火、敲锣打鼓等方式来迎接新春的到来。

（4）年文化知多少。

师：孩子们，再过一段时间咱们就要过年了。过年前你们家里都会做些什么、准备些什么呢？

生：爸爸妈妈会在门上贴福字、贴春联。

生：有时还会打年糕准备过年吃。

生：我会和爸爸妈妈到超市购买很多年货。

师：看来大家都很用心观察。孩子们，那你知道在咱们的生活中过年时都有哪些风俗习惯？

生：除夕时我们一家人会围在一起吃团圆饭。

生：对，团圆饭好吃的菜可多了。吃好团圆饭，爸爸妈妈、爷爷奶奶还会给我们发红包、发压岁钱呢！我会对他们说："恭喜发财，红包拿来。"

生：我们全家吃完饭后，爸爸会带着我放鞭炮和烟花呢！

生：我们除夕时会包饺子吃。

生：我们年初一时要穿上漂亮的新衣，到亲戚家拜年拿红包。

师：好棒呀！今天老师和你们一起观看了电影《除夕的故事》，我们知道了除夕与年的由来。我有看到，大家不仅看电影时专注认真，而且还能围绕电影内容大胆地说出自己的感受和体验，真了不起！请大家为自己鼓掌吧！好，今天我们的快乐聊电影就到此结束，期待下次继续开启我们的奇妙电影之旅吧!

2.我们班的作品

（1）写绘"我记忆中的年"。

从小到大我们过了许多个年，在你的记忆中年是什么样的呢?

①过年了！过年了！我和爸爸妈妈一起吃好年夜饭就开始放烟花。烟花五颜六色真美丽，有红的、有蓝的、有紫的、有黄的、有绿的。先是一发爆竹弹出，然后旋转着冲向天空，撒下美丽的火花，接着"砰"的一声，闪出一个美丽的大烟花。那些烟花有的像仙女撒花，有的像旋转木马，十分有趣！放好烟花，我们就一边看春晚，一边抢红包，可有趣了！

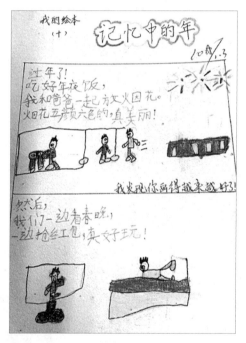

②每次过年前我都会帮爸爸妈妈贴福字、贴春联。除夕那天晚上，我们一家人吃好年夜饭就开始放鞭炮。虽然放的时候我心里很害怕，但放好了我还是十分开心的。鞭炮放好了，我们一家人就回到房间里一起开心地看电视。

③过年啦！真开心！家家户户打年糕，贴春联，贴福字，把鸡斩，齐聚餐。我把奖状换红包，真呀真开心！

（2）巧手剪年味——窗花。

3.我们班的活动：一起学首诗

古代的大诗人们也喜欢过年，他们还写过不少脍炙人口的古诗呢！今天我们一起来读一读，背一背……

元 日

（宋）王安石

爆竹声中一岁除，春风送暖入屠苏。

千门万户曈曈日，总把新桃换旧符。

诗意解析：

阵阵轰鸣的爆竹声中，旧的一年已经过去；和暖的春风吹来了新年，人们欢乐地畅饮着新酿的屠苏酒。初升的太阳照耀着千家万户，他们都忙着把旧的桃符取下，换上新的桃符。

4.我们班的影评

（1）年是一个善良、聪明又勇敢的孩子，他看到怪兽夕做坏事就想除掉它，让老百姓过上好日子。他很会动脑筋与怪兽搏斗，并用他的宝贝除掉了夕。（强译钱）

（2）我觉得这部电影很好看，它让我知道了关于除夕的传说，还有年的由来。回家以后我想把这个故事讲给家人听，他们一定不知道。我觉得中国的传统节日好有趣，我以后还想了解更多传统节日的故事。（陈胡怡）

🎥 教学感悟与建议

（1）在电影教学之前如果条件允许的话，让孩子先阅读中国传统节日故事绘本中的《除夕》，进行一下铺垫。然后再结合电影进行研讨，孩子的感受就会更深刻。

（2）由于关于年的故事版本众多，教师需要明确告知孩子夕是怪兽，年则是铲除夕的英雄。有些版本的故事中年则是怪兽。所以在孩子欣赏电影之前教师得有一个正确的认知引导，否则孩子会出现认知混淆的情况。

（3）课前可布置一个调查，让孩子与家长互动，调查了解当地与过年相关的民俗及故事，这在课堂研讨交流中可变成即时生成性资源。

（4）由于是低年级的电影欣赏，课堂中可适当通过演一演、说一说等方式让孩子释放天真烂漫的个性，感受电影的乐趣。

（5）在课程的延伸阶段，教师可以进行学科整合。比如：与美术学科整合进行班级年味创设，手工剪窗花；也可与班队实践活动进行整合，让孩子分组进行年味营造，会书法的带来写好的春联，会唱歌的可以唱响新年，会朗诵的可以诵读一下跟新年相关的古诗词，会做手工的展示一下简易的手工鞭炮，等等。

（6）绘本共读推荐:《过年啦!》《春节》。

（浙江省桐乡市实验小学教育集团　孙巧玲）

你是没头脑还是不高兴？

（《没头脑和不高兴》）

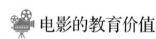 电影的教育价值

电影用简单的笔触，简单的故事，讲述了不简单的道理。没头脑的故事教育大家做事情要长记性，要学会对自己所做的事情负责。不高兴的故事教育大家要替对方着想，不能老是由着自己的性子来。通过电影让孩子们认识自己身上也有这样的坏习惯，感受坏习惯的影响，从而对照自身进行改正。电影比简单的说教和讲大道理要管用得多，经典小故事对孩子的影响是深远的。

观影准备

1.我们班的电影海报

2.带着问题看电影

（1）没头脑有什么坏习惯？不高兴有什么坏习惯？

（2）他们长大的时候改掉自己的坏习惯了吗？

（3）后来他们变好了吗？没头脑和不高兴改掉坏毛病以后，又会是什么样子的呢？说一说，画一画，写一写。

（4）我们自己身上有没有坏习惯？这些坏习惯有什么不好？

（5）你打算怎么改掉自己的坏习惯？把自己的想法告诉爸爸妈妈，还可以请爸爸妈妈帮帮自己。

（6）改掉了坏习惯的你变成了一个什么样的人呢？画一画，写一写。

电影班会

1. 老师和你聊电影

（1）说说没头脑和不高兴。

师：没头脑的毛病是什么？

生：总爱丢三落四。

生：没头脑画画的时候，还把名字写颠倒了。

师：不高兴的毛病又是什么？

生：人家叫他干什么，他都不高兴。

生：他在玩的时候，有人叫他小心，他也不听，最后跌倒了。

师：是啊，有人担心如果他们不改掉毛病，长大了就麻烦了。可是他们呢，有没有担心？

生：他们不担心。他们还说长大了要干大事。

师：是啊！他们真是太自信了！不过，像他们这样，一个丢三落四，一个总不听劝，长大了，真的能够干成大事吗？

生：不能！他们长大了，还是老样子。

生：没头脑长大了，设计的大楼没有安电梯。

生：还少了一层。

生：那个喷水池也没搞好，搞好了的话，水就不会淋到人身上了。

师：没头脑长大了，做事还是丢三落四。而且因为长大了，真的要干大事了，可是出的问题也更大了！那么，不高兴长大了是不是就干成大事了呢？

生：没有！他也还是什么都不高兴。

师：是啊！他长大当了演员，演了《武松打虎》这出戏。在戏里，老虎被武松打死了，可他就是不高兴装死，非要跟武松打来打去。好好的一出戏，全被他给搅黄了！

生：最后大家都没办法看戏了，全乱了。

师：是啊！不高兴最后还摔伤了！看来，他俩长大了，还是没有改掉坏毛病，也没有干成什么大事。

（2）聊聊有错不改的下场。

师：没头脑和不高兴小的时候犯了毛病，谁倒霉？

生：……（思考状）

师：没头脑帽子丢了，谁倒霉？

生：他自己倒霉。回家要被妈妈打。

生：下次想戴帽子的时候，就找不到帽子了。

师：他画画把题目写反了，谁倒霉？

生：他自己倒霉。老师会批评他，罚他改过来。

师：是啊！小时候丢三落四，还不会影响别人。可是，如果这个毛病不改，长大了，做事丢三落四，谁倒霉？

生：别人倒霉。

生：他忘了给大楼装电梯，大家都倒霉，爬楼要爬一个月啊！

生：是啊！还要背很多食物，以及被子，更累了！

师：你们说，下次还会请没头脑设计大楼吗？

生：不会。

师：不高兴呢，小时候不听劝，摔倒了只是自己倒霉。等到他长大了，演戏的时候不听劝，把一场好戏给搅黄了。你们说，是不是和他一起演戏的人跟着倒了霉？你们说，下次还有人愿意跟他一起演出吗？

生：肯定没有！

生：要是我，我才不干呢！

师：下次，还有人愿意去看他演的戏吗？

生：没了！

师：你们说，小时候的坏毛病，不改行吗？

生：不行！

（3）聊聊有错就改。

师：你们说，后来他俩改掉坏毛病了吗？

生：（异口同声、坚信）改掉了！

师：是啊！必须改掉自己的坏毛病啊！他们改掉了坏毛病之后，又会是什么表现呢？

生：……（思考状）

师：比如说，没头脑还会把画的题目写反吗？

生：不会了！

师：比如说，不高兴听见别人提醒他要注意的时候，还会不高兴吗？

生：不会！

师：没头脑要怎么才能改掉丢三落四的坏毛病呢？

生：每天晚上写完作业都要把书包收好，第二天上学时就不会丢东西了。

师：还有什么好办法吗？

生：要把帽子和书包放在一起。

师：不高兴怎么改掉任性的毛病呢？

生：他要说很高兴。

师：现在没头脑还是没头脑吗？

生：应该叫有头脑。

生：不高兴也应该叫很高兴。

师：那请你们画一画有头脑和很高兴吧！

……

师：每个人都会有一些小毛病、有一些坏习惯，这些小毛病和坏习惯，会让我们做不好事情。所以，我们都要像没头脑和不高兴那样，下决心改掉自己的坏习惯。说一说自己身上有什么坏习惯。

生：我上课就喜欢在桌洞玩玩具。

生：我早上总是起不来。

生：我做操不好好做。

……

师：人人都会有一些坏习惯。老师以前也有个坏习惯，就是上课总拖堂。但是我并不知道这个坏习惯对同学们有什么影响。后来有个叫赵前进的同学向我提出抗议，他建议我不要拖堂，一听见下课铃就应该下课，让同学们出去活动。你们说，这个赵前进说得对吗？

生：他胆子太大了吧！

生：他说得对。

师：是啊！我也觉得他提得对，便下决心改掉了这个坏习惯。所以，现在你们看到了，我每次一听见下课铃，就会让大家下课。我很高兴自己能够改掉这个坏习惯。

生：老师，你是怎么改掉的啊？

师：我正打算跟你们传授经验呢！我是怎么改掉这个坏习惯的呢？我有妙招啊！赵前进批评了我之后，我又听见下课铃，可是我一下子忘了赵前进跟我说过的"不能拖堂"的话。这时候，我发现同学们都盯着我看，我觉得很奇怪，忽然一下子想起来了。哎呀，不能拖堂啊！我答应过赵前进，说以后都不拖堂啦！所以千万不能拖堂！要不然，同学们就会说我这个老师说话不算话啦！他们以后就都不听我的话啦！这么一想，我就马上决定：下课！这样想了几次之后啊，我就记住了，以后听见下课铃，我就马上下课了。你们说，我这个办法好吗？

生：嗯！

师：我的办法叫心理暗示法。希望大家也能学会对自己进行积极的心理暗示。现在请同学们想好要改掉自己的哪个坏习惯，想好了可以说一说。

生：我想改掉上课爱玩的坏习惯。

师：这是个好主意！我支持你！你打算怎么做呢？

生：……（想）

师：我们班有不少同学上课好做小动作，不能用心听课。大家都想一想，有什么好办法，能改掉这个坏习惯？

生：我觉得可以学老师的办法，就是想玩的时候，就想"哎呀，老师说了，上课要用心听课，不能做小动作啊！"，然后就不玩了。

师：嗯！现学现用啊！真是个机灵的孩子！还有吗？

生：……（想）

师：再想想如果改掉这个坏习惯，自己会是个什么样子呢？说一说。

生：就像王浩澜那样！

师：王浩澜什么样呢？

生：上课坐得端正，听得认真。

生：举手发言，而且每次回答都很好。

师：好啊！看来王浩澜已经成为大家学习的榜样！那就把你们改掉坏习惯的过程画出来吧！要把你的坏毛病画出来，再把你是怎么改掉坏毛病的画出来，最后还要把改掉坏毛病后的样子也画出来。现在开始吧！

2. 我们班的作品

3. 我们班的影评

（1）我不太喜欢这部电影。因为没头脑和不高兴有坏毛病，这些坏毛病我身上也有，看电影就好像看到了不好的自己。（可心）

（2）电影中的两个人物很典型，大部分孩子或多或少有他们身上的缺点，却又意识不到自己身上有让人不喜欢的地方。很多时候，我们能客观地看待他人，却并不自知。可能是严以对人，宽以待己了吧！（可心妈妈）

（3）没头脑和不高兴虽然有坏习惯，但他们能积极改正，知错能改也是好孩子，我也要认识自己的坏毛病，并决心改正它。（浩澜）

（4）我觉得电影是想让孩子从故事中明白一些道理，从小就要养成一些好习惯。所谓"三岁看大，七岁看老"，不要对一些小的、不好的习惯习以为常，不加以纠正，否则这些坏习惯会伴随孩子一生，对孩子以后的生活乃至工作都会起到负面作用。"勿以善小而不为，勿以恶小而为之。"（浩澜妈妈）

（5）没头脑和不高兴的坏习惯要改正。我们一定要让孩子养成好习惯。（晨曦妈妈）

教学感悟与建议

（1）孩子们都毫不怀疑这两个孩子能够改掉坏毛病，这不仅仅是出于善良，同时也反映了孩子们自己的愿望——他们同样相信自己也能够改掉坏毛病。我认为这反映了这群孩子的心理发展是比较健康的。虽然他们很多人还记不住老师对他们的提醒，但这正是这个年龄阶段的普遍特征，需要多次反复，才能逐渐掌握一种能力。

（2）有个孩子说因为这两个主人公有坏毛病而不喜欢这部电影，他因为具有相同的缺点而承受着比较大的压力。我计划在后期的教育和教学过程中，通过电影和故事，在孩子们的心中确立这样一个认识：有缺点的孩子，只要能改正一样可爱。

（3）电影推荐：《狐狸与孩子》。电影讲了一个小女孩与一只狐狸的故事，教会小朋友要学会区别爱与占有是不同的，以维持相互之间的友谊。

（安徽省肥东县店埠镇学区中心分校　黄莺）

谁融化在你的心里？

(《雪孩子》)

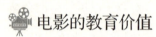 电影的教育价值

雪孩子的纯真和善良恰恰与幼儿清澈单纯的心灵达到了心理状态上的契合，因此雪孩子的消失才会使很多孩子哇哇大哭。电影有利于引导一年级的孩子们正确处理同伴关系，教会他们怎样与伙伴们相处：要学会付出、学会奉献、学会珍惜友谊，从而顺利走出自我中心主义，适应由家庭生活到学校生活的转变。

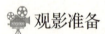 观影准备

1. 我们班的电影海报

2. 带着问题看电影

（1）小兔子为什么不愿一个人在家？

（2）小兔子与雪孩子玩了什么游戏？

（3）小兔子睡着了，雪孩子做了什么事？

（4）当雪孩子发现房屋着火后，勇敢地冲了进去，你觉得是什么原因使他冲了进去？

（5）你认为雪孩子最后去哪里了？

（6）电影哪个地方最打动了你？

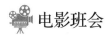 电影班会

1. 老师和你聊电影

师：看完电影后，大家心里都有不同的想法，你喜欢电影中哪一个人物？

生：我喜欢小兔子，她聪明可爱。

生：我也喜欢小兔子。

生：我最喜欢小兔子，她很可爱。

师：看来喜欢小兔子的人真不少。

师：我们可爱的小兔子有一个好朋友，就是雪孩子，你们喜欢他吗？

生：喜欢。

师：喜欢他的理由，说一说。

生：可以一起玩，玩出很多花样。

生：有了雪孩子，小兔子就不寂寞啦。

生：通过一起玩，他们成了好朋友，然后就经常在一起玩，很快乐。

生：可是小兔子最后失去了雪孩子。

（听到孩子们这样回答，我知道孩子们心中的主角是小兔子，他们的情感都寄托在小兔子身上了。我又回放了电影的部分情节，特别是小兔子和雪孩子进行滑雪游戏的部分，孩子们看得很嗨。）

师：雪孩子有没有让你感动的地方？

生：他救了小兔子。

生：他救了小兔子，自己死了。

生：他还救了松鼠呢。

生：他救了小鸟。

（从孩子们的回答可以感觉出，他们对雪孩子认识得还不够，于是我回放了雪孩子冲进屋里那一部分，提醒孩子注意雪孩子没有立刻冲进去，并问道："这是为什么？"）

生：他怕热。

师：是的，救助别人时，也要考虑一下自身是否安全。

（画面中，雪孩子虽然犹豫，但还是用力撞开门冲了进去。可是火势太大，温度太高，他又退了出来。他改变营救方式，试图用雪球灭火，但火势越来越大。这时屋里传来小兔子绝望的求救声，雪孩子顾不上自己的安危了，他冲进屋里，他要救出小兔子。为了看清小兔子在什么位置，他扯下窗帘扑打火苗。很快雪孩子就承受不了了，身体开始融化，走路不稳，他退到门外稍作休息，就又冲进去救小兔子。）

师：雪孩子抱起小兔子的那一刻，小兔子睁开了眼睛，小兔子会说些什么？雪孩子会说些什么？

生：小兔子说：好朋友，我知道你会来救我的。雪孩子说：小兔子你别怕，我一定会救你出去的！

（继续回放，并提醒学生观察雪孩子是如何抱着小兔子从大火中逃出的。）

师：雪孩子每一步都走得很？

生：走得很慢，很难，他快没力气了。

生：他开始化了，因为大火烤着他。

师：他是怎么放下小兔子的？

生：很快地放下。

（其他学生也认为是很快地放下。于是再重放，关键处提醒学生注意。雪孩子抱着小兔子十分吃力，几乎寸步难行，不断地流着汗，身体变瘦，眼睛掉了下来，他什么也看不见了，于是跪下来，轻轻把小兔子放到地上，然后自己化成了一片水。看清雪孩子的行动后，教室里一下子静极了，显然大家都被雪孩子感动了。然后不知是谁哭了出来。这一刻，我也深深地被感动了，我想起某位司机心脏病发作，却坚持把车停在安全处，打开车门，确保乘客安全下车，然后自己死去。我想起阮恒为了救朋友冒着危险献出自己的血……虽然我无法对孩子们讲清楚这些，但未来的岁月里，孩子们一定遇到这样的美好，那时他们一定会想起雪孩子。）

师：雪孩子变成了什么？

生：水，水蒸气，最后变成云。

师：所以雪孩子没有死，他只不过以另一种方式存在着。

师：什么是真正的朋友呢？是不是两个人玩得快乐就是好朋友？

生：真正的朋友要互相帮助。

生：好朋友不应只是玩得好，还要别人有需要及时进行帮助。

师：真正的朋友不仅仅是一起开心游戏，在对方遇到困难时要伸出手来进行帮助。但帮助别人的前提是保护好自己的生命，我们知道雪孩子并没有真正地消亡。如果是我们遇到好朋友小兔子家失火了，我们可以怎么做？

生：打119。

生：喊大人。

师：电影的主题是友谊，对不对？雪孩子是小兔子的好朋友，他们在一起还没玩够，就要分离，让人心情难过。雪孩子快要融化掉了，自己都快要死了，但还是坚持要救出好朋友小兔子，雪孩子很伟大。雪孩子的生命很有意义。我们都要向雪孩子学习。

2.我们班的作品

（1）这个故事是不是很感人？回家把它讲给爸爸妈妈听，让爸爸妈妈帮着记录下来。

（2）第二年的冬天到了，漫天雪花飞舞，这次，小兔子自己堆了一个大雪人，他们之间会说些什么，经历些什么？拿起笔来写一写画一画吧。

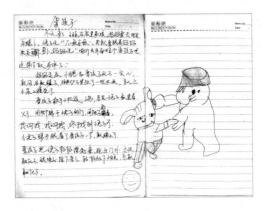

3. 我们班的活动：一起学唱歌

滑雪歌

雪花雪花洁白的雪花

飘呀飘飘呀飘

为大地披上银纱

雪花雪花可爱的雪花

转呀转转呀转

伴随我一起玩耍

来吧来吧小白兔快来吧

来滑雪来滑雪

让歌声一路挥洒啦……

拥有朋友多么快乐

转呀转转呀转

田野森林都是我的家

蓝蓝的天空，腾起了白云

看呐，看呐，雪孩子告别我们

啦啦啦，啦啦啦，他更加美丽更加可爱

啦啦啦，啦啦啦，他有一颗最纯洁的心，最纯洁的心

4. 我们班的影评

（1）电影中的雪孩子很有爱心，他愿意牺牲自己去救助小兔子，当雪孩子融化的那一刻我禁不住哭了出来。我不希望雪孩子消失，妈妈说雪孩子变成了云，回到天空去了，明年雪孩子一定还会回来的，一定会。（赵语诺）

（2）雪孩子心地善良，有一颗纯洁的心。我们都非常喜欢雪孩子，通过电影故事我们知道，在长大的过程中很多好朋友会不断地消失，这种消失不是真正的消失，因为他们永远会活在我们的心灵深处。（王紫涵）

教学感悟与建议

（1）一年级的孩子，他们的识字能力不强，语言表达还处在发展中。电影课程这种生动直观的方式，符合一年级孩子的心理发展特点，能够锻炼他们的观察能力和表达能力。

（2）在写绘作品方面，孩子各种各样的表达都有，字中掺杂拼音，笔画稚嫩，都是正常的，要经常对孩子们进行鼓励。

（3）电影中雪孩子的消失是这个年龄阶段的孩子所不能理解和接受的，所以，很多孩子在看电影的时候会崩溃大哭，他们不懂得心爱的东西失去也是一种必然，所以这部电影对孩子理解成长具有重要的作用。

（山东省利津县盐窝镇中心小学　岳泉）

永不放弃的爱

(《101 斑点狗》)

电影的教育价值

电影中有三份纯粹的爱：一是男女主人公的情爱，二是狗爸爸狗妈妈对孩子的爱，三是狗狗们之间的相爱相助。一年级的孩子们从这部电影中深刻感受家的温馨，感受父母对自己的爱护，同时可感受集体的温暖，感受同伴之间相互帮助的宝贵。这部电影有助于在班级里培养团结一心、勇往直前的班级精神。

观影准备

1. 我们班的电影海报

2. 带着问题看电影

（1）库依拉是谁？你喜欢她吗？为什么？

（2）影片中的斑点狗学名是什么？故事开始明明是两只狗，影片的名字怎么叫《101 斑点狗》？你能告诉爸爸妈妈吗？

（3）如果爸爸妈妈想买皮草，你是支持还是反对，或者中立？为什么？

🎥 电影班会

1. 老师和你聊电影

早上在校园里遇到咱班一小朋友，她说："老师！这部电影好好看呀！"老师也觉得好看，可是我更想知道，你们也认为这部电影好看吗？为什么？

生：有许多可爱的斑点狗，而且老师你知道吗，斑点狗出生的时候没有斑点，慢慢才长出来斑点。

生：男女主人公刚一见面就掉到水里，特别搞笑。

生：库依拉像一个邪恶的女王，好可怕！

生：但是，库依拉还是被关起来了，她失败了。

生：看电影的时候我一直为斑点狗着急害怕捏冷汗呢！

师：我从你们的回答中听出来了，你们喜欢这部电影是因为你们喜欢斑点狗，所以会和斑点狗们同呼吸共命运。我也和你们一样，看电影时我们都紧紧地被电影情节的起伏牢牢地吸引着。

师：在这个故事里有一个不讨人喜欢的奇怪老女人，她是谁？

生：库依拉！

师：我们想一想，可不可以用神奇的魔法把库依拉从故事里减掉？她那么讨人厌，总做坏事。

生：可以减掉啊！减掉她就没有人要用小狗的皮做衣服了。

生：减掉她就没有坏人了。

生：减掉她小狗们就安全啦！

生：没有库依拉还有别人做坏人的。

生：没有坏人，好人打败谁呢？

师：（我们班深深陷入了非此即彼二元论，我提问欠考虑）哦，我明白了，你们的意思是库依拉这个坏人的存在让故事更完整、更好看、更精彩，是吗？故事需要"坏人"，是吗？

（孩子们有的点头，有的说"是"。）

师：库依拉最喜欢什么？

生：她最喜欢皮草。

生：是的，她最喜欢用动物毛皮做的衣服。

师：咱们回忆一下在电影中哪些镜头告诉我们库依拉最喜欢皮草？

生：她雇人偷老虎皮做衣服，这是违法的。

生：他让设计师给她画各种动物皮毛做的衣服，她一看见安妮塔画的画（斑点草图）眼睛直放光。

师：我可以想象到你看得很认真，观察得非常仔细。

师：在生活中是否有让我们一看到就深陷其中，双眼放光的东西？

生：有！

师：说说，都是什么？

生：好吃的，比如比萨。

师：喔，是美食。

生：爸爸说带我去常州恐龙园玩。

生：一本有趣的书。

师：吃的、玩的、看的组成了我们的生活，让我们的小眼睛时时放光，吃着吃着说不定我们就从资深吃货变成了美食家；玩着玩着说不定有一天我们就设计出更有趣的游乐园给小朋友玩；看着看着你手中的笔也开始写故事，写一个有库依拉这样坏人的精彩故事。

师：每一个故事都会有一个主题，每一部电影也会有一个主题。大家说说《101斑点狗》这部电影的主题是什么？

生：爱护动物，不要随意伤害动物，这样是不对的。

师：说得真好，老师也受到了教育。

生：是关于相互帮助的故事。

师：电影中有谁帮助了谁呢？

生：狗狗们之间相互帮助，才让小狗狗们回了家。

生：还有电影中的老奶奶，对小狗们照顾得非常好，也在帮助狗狗们。

师：大家说得好。电影中狗狗们之间是一种纯真的友谊，它们守望相助，才有了回家之路。

师：我再问大家一句，为什么狗狗们愿意回家呢？

生：因为家里有爱呀。

生：因为家里没有伤害。

生：因为家里安全。

师：大家说得好，每一只狗都渴望回家，我们也是这样的，家能给我们安全和温暖。今天大家的讨论非常精彩，电影让我们懂得了要相互帮助，要保护动物。今天的收获真是大，我希望我们今天学到的能在每个人的行动中都体现出来，成为我们自身的一种美德。

2.我们班的作品

3.我们班的影评

（1）我非常喜欢这部电影，电影中有一只小狗非常爱看电视，跟我一样，但是沉迷看电视是不对的，会耽误事，有时会忘记身边的危险。（何宗琦）

（2）这部电影故事情节曲折，具有很好的教育意义，我们家宗琦能从电影中看到自己的坏习惯，并下决心改正它，可见电影让孩子们看到了自己。

（宗琦妈妈）

（3）我喜欢电影中狗狗的忠心，无论多远都想着回家。我也养着一只狗，小狗很聪明，是非常好的伙伴。（王卫东）

（4）电影让我们家孩子找到了同感，因为他也是一个喜欢狗的孩子，通过电影孩子变得懂事多了，也学会了帮助别人。（卫东妈妈）

教学感悟与建议

（1）电影中狗与狗的故事、人与狗的故事都深深地打动了孩子们。孩子们能看懂故事情节，而且能分辨好人和坏人，他们特别同情好人，憎恨坏人。这部电影让孩子们懂得了要保护动物，要有爱心。

（2）通过电影这种生动直观的方式把孩子们的多种活动串连了起来，看故事、写感受、画情节已经成为我们班级的一项日常，坚持下去我们的孩子一定能得到长足发展。

（江苏省镇江市解放路小学　邓冠群）

亲情是超越食物链的存在

(《你看起来很好吃》)

电影的教育价值

电影讲了一个关于成长与爱的故事。一家三代，毫无亲缘，却无处不涌动着亲情，这是深沉的母爱、父爱，跨越种族的爱，而且这是一场爱的接力与传递。电影教会孩子们如何看待父母的爱，如何回报父母的养育之恩。更重要的是电影教会孩子们独立的精神，长大意味着独立，只有独立去探索才能发现自己的潜力，敢于离开是一种真正的成长。

观影准备

1. 我们班的电影海报

2. 带着问题看电影

（1）当年妈妈是怀着怎样的心情把哈特养大的？

（2）为什么很好吃要变成和爸爸一样的龙，非要和爸爸在一起？

（3）"你们俩都是妈妈引以为傲的孩子。"妈妈为什么对哈特和莱特这样说？

（4）"能成为妈妈的孩子，是我的幸运。"哈特为什么这样说？

（5）哈特为什么要离家出走？

电影班会

1. 老师和你聊电影

哈特是一只被草食恐龙养大的霸王龙。其实，早在它破壳而出时，草食恐龙的首领就曾命令哈特的妈妈抛弃它，但妈妈却最终还是偷偷把它养大。随着年龄的增长，每天只吃野果的哈特饥饿难耐，最终还是抵不住本能的驱使，开始了自己食肉的残暴生涯。然而，由于妈妈的影响，在哈特的内心深处，始终涌动着一颗善良的心灵。一天，偶尔遇到一只破壳而出的食草恐龙宝宝，哈特阴差阳错地被恐龙宝宝误认为是"爸爸"，而且为小恐龙取名"很好吃"，自此开始了一段奇异的恐龙父子情。

（1）为什么哈特是幸运的？

食草恐龙妈妈不顾众人反对，收养了食肉恐龙的小孩——主人公哈特是幸运的；

在妈妈和哥哥的照顾下长到了十七八——它拥有了健康的童年；

离家出走后凭着强悍的基因生存下来——它建立了稳定的事业；

一不留神捡了个萌萌的儿子——它体会了为人父母的感动；

误打误撞挽救了从前的族群——它赢得了荣誉；

最后失散多年的老爸还给它上了龙生重要一课——想要守护住属于你的珍贵的东西，是要拼了血命去换的。

（2）哈特为什么要领养很好吃？

哈特、莱特，是它和哥哥的名字，也叫心（heart）和光（light），温柔的妈妈给了它们这么有意义的名字。

吃草长大的哈特很弱小，每次都会被哥哥打败。它并不知道自己是食肉的霸王龙，但骨子里对肉食的渴望并没有因吃草而减弱，每次看见小动物都会情不自禁地追赶，它最喜欢吸食壁虎的尾巴，觉得软软的，含在嘴里很舒服。

似乎故事总是带着那么点轮回的意味，哈特因为控制不住自己吃肉的欲望，担心伤害妈妈和哥哥便选择了离开，却捡到了一颗蛋。

当它用那尖尖的指甲轻敲蛋壳时，一只很萌的小甲龙破壳而出，再配上走路的声音，小甲龙的形象萌翻了一批人。

"你看起来好像很好吃。"

"你叫我的名字了，你就是我的爸爸了。"

可爱的小甲龙便喊着"爸爸"，说自己叫"很好吃"。哈特的内心是柔软的，因为那声爸爸，它放弃了吃小甲龙，真的当起了爸爸。于是，一段温馨的父子情由此展开。

（3）很好吃是一只什么样的龙？

很好吃最大的愿望是和爸爸在一起，变得像爸爸一样。爱好是收集红果子。经典形象是眼睛水汪汪，以及甩动尾巴做各种打击动作。

在遇见哈特时，认为哈特是自己的爸爸。一直最喜欢爸爸，黏着爸爸。在与爸爸约定赛跑后误入冈萨领地，目睹了食肉恐龙进食的场面。第一次深刻地意识到爸爸真实的样子，与自己不同。尽管如此，它还是说出了"我当然知道我和爸爸不一样，我又不是小孩子，但是，爸爸就是爸爸"。最后和爸爸一起旅行。这段超越种族的父子之爱，感动了大家。

原故事中小甲龙最后是离开了霸王龙，回到了父母与同类身边。但是在电影中，小甲龙后来一直跟着哈特，实现了永远跟爸爸在一起的心愿。

（4）小甲龙对哈特意味着什么？

遇到小甲龙，哈特获得了一个再认识自己的机会，一个成长的机会。这个时候的哈特，才是真正成熟的。它完善了对自我的认识，对于自己的力量能够随心所欲地运用——它可以选择吃什么和不吃什么了。这种选择的力量，使他对于肉的需求超越了本能。它已经可以站在善恶的立场来选择自己的捕猎对象了。

2. 我们班的作品

3. 我们班的活动：一起学唱歌

霸王龙

好孩子　好孩子　快快入睡

哭闹的孩子会被霸王龙叼走呦

它们的身体坚不可摧　牙齿锋利无比

哭闹的孩子会被霸王龙叼走呦

哭闹的孩子无论在哪里都会被霸王龙叼走

身体坚不可摧　身体坚不可摧

牙齿锋利无比　牙齿锋利无比

哭闹的孩子无论在哪里都会被霸王龙叼走

4. 我们班的影评

（1）电影让我明白爱是可以跨越种族的，不因为你是食草恐龙就不敢爱，也不因为你是食肉恐龙就不能爱。爱埋藏在每一个人（一条龙）的内心深处。恐龙妈妈是爱的给予者，哈特是爱的传承者，很好吃是爱的传递者，因为它们的存在，这个世界变得更美好。（赵子渝）

（2）电影告诉我们成长是一个学会独立的过程，所以哈特选择离家出走，它要知道自己有多大的能耐，自己到底是谁，所以它必须一个人去战斗。有一天，我也会离开家庭，离开爸爸妈一个人去拼搏，希望给爸妈创造一个更好的晚年。（聂玉瑶）

（3）电影中的哈特与妈妈虽然不是同类，但它始终没有忘记回家，没有忘记养育之恩，我们也应如此，要向哈特学习。（王春海）

🎥 教学体会与感悟

（1）电影时间比较长，一年级的孩子注意力难以长时间集中，可分段放映，时间上以间隔一天为宜，否则时间一长孩子们就不记得情节了。

（2）电影讨论时，可分段讨论。预留问题让孩子们边看边思考。

（3）这部电影孩子们完全可以看懂，并且表达起来非常有想法，特别是男孩子，非常喜欢这部电影。

（4）电影主题的深化上，要引导男孩子具备独立的精神，这样才能成为真正的男子汉。

（河南省济源市下冶第二实验小学　刘佳）

二年级的儿童仍处于主动性对内疚的心理发展阶段。但相较于一年级，他们已经熟悉了周围的环境和学校生活的规则。他们需要走出自我中心主义的心理世界，在学习生活中学会理解他人，正确处理个人与周围世界的关系，在克服自身的缺点的同时成为阳光快乐、积极向上的少年。

　　小学二年级这一学年儿童阶梯电影的主题是通过电影让孩子们克服自身的弱点，重新认识自我，勇敢接受学校生活的挑战，在探索与试错中成长，从而培养儿童乐观阳光的性格特征。

渴望成为一个好孩子

(《木偶奇遇记》)

电影的教育价值

哪一个孩子在成长过程中没有撒过谎？所以，匹诺曹深深地走进了每一个孩子内心深处，引导他们如何成为真正的好孩子。

电影教育孩子要学会正确认识自己的错误，犯错并不可怕，改正了就是好孩子，可怕的是为了自尊心死不认错，无法改正。

观影准备

1. 我们班的电影海报

2. 带着问题看电影

（1）匹诺曹的生命是谁给的？为什么要给匹诺曹生命？你的生命是谁给的？他们为什么要给你生命？

（2）蟋蟀代表什么？你身边的人中，谁最像蟋蟀？为什么？

（3）爸爸是如何爱匹诺曹的？请举例。你的父母是如何爱你的？请举例。

（4）看起来正确却错误的事情有哪些？看起来错误却正确的事情有哪些？可以举电影中的例子，也可以举生活中的例子。

（5）小仙女说真正的男孩应该怎样？

电影班会

1. 老师和你聊电影

师：小木偶匹诺曹的生命是谁给的？为什么要给他生命？

（大多数孩子都回答是蓝仙女。有两个孩子回答是仙女和爸爸。）

师：回答仙女和爸爸的孩子非常了不起。蓝仙女是为了实现爸爸的愿望才给匹诺曹以生命，如果没有爸爸的愿望就没有匹诺曹的生命。

师：爸爸为什么想给小木偶生命呢？

生：因为他想有一个自己的孩子。

生：他想要一个真正的男孩。

生：想让匹诺曹成为一个真正的男孩。（这个孩子的回答更智慧。）

生：因为他很孤独，只有一只猫、一只金鱼相伴，所以他想要一个活蹦乱跳的孩子。

师：你们的生命是谁给的？

生：爸爸妈妈，还有爷爷奶奶。（煊是一个留守儿童，跟爷爷奶奶生活在一起。这样的回答把我给感动了。）

师：你这样回答，要是爷爷奶奶听见了，一定会非常感动！（讨论电影，就要契合孩子的生命，唤醒孩子的心灵。）

师：电影中有一人代表"良心"，那是谁？

生：是蟋蟀。

师：你们喜欢那只蟋蟀吗？张老师超级喜欢那只蟋蟀。（故意埋下伏笔，为后面一个问题作铺垫。）

生：喜欢。因为它总在匹诺曹遇到困难的时候帮助他。

师：你身边的人谁最像蟋蟀？

生：爸爸和妈妈。

生：班长。

生：妈妈。因为妈妈也会帮助我。

生：哥哥。

生：妈妈。（这个孩子天天和妈妈吵架。）

（大多数孩子都回答爸爸妈妈，煊依然回答爸爸妈妈和爷爷奶奶。）

师：生活中我们的妈妈最像蟋蟀，可是我们都喜欢蟋蟀，却有人不喜欢妈妈，为什么呢？

生：因为蟋蟀从不责怪匹诺曹。

生：我们犯一点小错妈妈就斤斤计较。（妈妈要是听到孩子的心声，说不定也会适当反思自己的言行。）

师：那为什么还说妈妈像蟋蟀呢？你们不是喜欢蟋蟀不喜欢妈妈吗？

生：妈妈啰唆是为了我们好。

师：谁说蟋蟀不唠叨呢？你们看，匹诺曹走到哪它跟到哪，它告诉匹诺曹这不能做那不能做。在电影中，你们会觉得蟋蟀非常可爱，非常善良，如果它成为你们的妈妈，做出同样的事情，你们也会觉得它唠叨的。其实每一个妈妈都像蟋蟀一样爱自己的孩子，都希望自己的孩子成为真正的男孩或女孩，这不是真正的唠叨。真正的唠叨是没有理由地一直重复同样的话。等大家长大了，就会知道每一个妈妈其实都像蟋蟀一样伟大。你们会说自己的爸爸妈妈像蟋蟀就已经非常了不起了，说明你们懂得爸爸妈妈的伟大与善良，知道爸爸妈妈希望你们长成真正的男孩、真正的女孩！

师：举例子说明匹诺曹的爸爸是如何爱匹诺曹的。

生：有一次匹诺曹丢了，爸爸很担心，冒雨去寻找。

生：匹诺曹很晚没回家，爸爸很着急。

生：匹诺曹跟着坏孩子走了，爸爸看见匹诺曹没回来就不吃饭。

生：爸爸为了找匹诺曹，都被鲸鱼给吞了。

师：你们有没有被这些感人的情节感动得哭了？

生：我虽然没哭，但是眼泪含在眼里。

师：你们的父母是如何爱你们的？请举例。

生：生病时妈妈照顾我。

生：有一次我发烧了，妈妈买气球给我玩。

师：其实你们的爸爸妈妈都像匹诺曹的爸爸一样都做过很多爱你们的事情，你们外出玩爸爸妈妈会担心，你们晚回家爸爸妈妈会着急，你们生病爸爸妈妈会睡不着……所以你们要用心感受爸爸妈妈的厚爱，用心爱自己的爸爸妈妈。懂得别人对你的爱，也懂得爱别人，就真正长大了。

师：蟋蟀说有些事情看起来正确却是错误的，这是什么事情呢？有些事情看起来错误却是正确的，又会是什么事情呢？可以用电影中的情节来回答，也可以举生活中的例子。

（很多孩子回答不上来。我就自己举例让孩子判断：公交车上，看见别人不让座也不让座；看见别人乱扔垃圾也乱扔垃圾；看见别人考试作弊也跟着作弊。妈妈的唠叨属于哪一类呢？孩子都学会了判断。）

师：所以生活中，大家应该用闪闪发亮的眼睛和智慧的大脑去判断哪些事情看起来正确却是错误的，哪些事情看起来错误却是正确的。

师：蓝仙女说真正的男孩应该是怎样的？

生：听话、乖巧、有知识。

生：有良心。

生：诚实、勇敢、善良。

师：对，大家从匹诺曹身上都知道了要诚实。匹诺曹不诚实会发生什么事情呢？

（孩子们都知道鼻子会变长。）

师：从电影开始到结束，大家觉得匹诺曹有没有发生变化？他最大的进步是什么？

生：变得诚实了，而且非常勇敢。

生：不撒谎了。

生：变诚实了，最后变成了一个真正的男孩。

师：请大家举个例子说明他变勇敢了。

生：他自己被淹昏了，还坚持救爸爸。

生：从鲸鱼嘴里救出爸爸。

生：爸爸被鲸鱼吞了，他跳进大海，把爸爸救了出来。

师：一个人在爱中会变得更勇敢。一个人真正长大还有一个标志是会改正缺点，每天都在进步，都在成长。诚实，勇敢，有良心，会爱别人，会成长——真正的男孩就是这个样子！

2. 我们班的作品

3. 我们班的影评

（1）晚上八点左右，我和妈妈用手机看了一部电影，名叫《木偶奇遇记》。一个名叫盖比特的老木匠，亲手雕刻了一个木偶，取名匹诺曹，匹诺曹最大的愿望是想变成一个真正的男孩。一个蓝仙女帮他实现了愿望，并叮嘱匹诺曹不能说谎，可淘气的匹诺曹根本管不住自己，到处说谎，后来被马戏团班主关了起来，又被蟋蟀和蓝仙女救了出来。最后他变成了勇敢、善良、机智的木偶，还从鲸鱼的嘴里救出了爸爸。

看完这部电影，我懂得了一个人不可以说谎，也不能随意听从别人的话，要诚实、勇敢、有良心。从现在起我要做个好孩子，做个诚实、勇敢、会保护别人的好孩子。（余自扬）

（2）津津有味地看完了电影《木偶奇遇记》，我深深地被匹诺曹身上所具备的优点撼动了。

匹诺曹在逃亡途中遇到了许多次的危险，比如长出驴耳朵，长出尾巴，但他都没有放弃自己要解救爸爸的信念，顽强地逃亡下去。如果是我根本不可能做到这一点的。我要说匹诺曹真是个勇敢的孩子，太了不起了！

当到达快乐岛时，他忍受住了零食、玩乐的诱惑，心中想的只有爸爸，最后安全地逃出了快乐岛，他的自我控制能力太强了！

匹诺曹身上有着许许多多的优点，真不愧是一个真正的男子汉！我由衷地佩服他！（余峥）

（3）《木偶奇遇记》里匹诺曹不听自己"良心"的话，总是贪玩，经常被坏人抓走，还听信坏人的话，学会了撒谎。后来在仙女的教育下，匹诺曹变得勇敢诚实了。

这部电影最让我感动的是匹诺曹的勇敢善良，他不顾自己的生命到大鲸鱼的肚子里去救自己的爸爸，用尽全力也要把爸爸送到岸上。这部电影让我懂得了一个真正的男孩，要诚实勇敢，有良心，会保护别人，会成长，遇到事情要有自己的主见。（谢宇程）

3. 我们班的活动：一起学唱歌

让我们一起唱这首歌，让我们做一个真正的男孩，真正的女孩，诚实、勇敢、有担当、会成长……

我愿做个好小孩

我愿做个好小孩

身体清洁　　性格爽快

无论走到哪里

是的人人爱　　是的人人爱

我愿做个好小孩

读书认真　　做事勤快

无论走到哪里

是的人人爱　　是的人人爱

我愿做个好小孩

身体清洁　　性格爽快

无论走到哪里

是的人人爱　　是的人人爱

我愿做个好小孩

读书认真　　做事勤快

无论走到哪里

是的人人爱　　是的人人爱

教学感悟与建议

（1）这部电影非常及时，教会孩子们要具有诚实的美德，更让孩子们懂得犯错并不可怕，可怕的是不敢承认错误，要学会认识错误并勇于改正错误。

（2）观影可以与其他教育活动结合起来，比如读一读、看一看、写一写、画一画、议一议、演一演，使教育效果最大化。

（福建省闽清县东桥镇中心小学　　张秀明）

光明正大做人，勇敢无私做事

（《天书奇谭》）

🎥 电影的教育价值

在这部电影中，蕴含着大量深刻的人生哲理与道德理念，告诫世人该如何处置自身的欲望，如何面对世间的种种诱惑。从电影主人公蛋生的身上，学生可以学会明辨是非，树立正确的价值观，光明正大做人，勇敢无私做事。

🎥 观影准备

1. 我们班的电影海报

2. 带着问题看电影

（1）袁公明明知道偷盗天书会被天庭惩罚，为什么还要继续这样做？

（2）好人与坏人最大的区别是什么？

（3）袁公为什么选择蛋生作为继承人？蛋生身上有哪些美好的品质？

（4）狐狸精为什么招人讨厌？

（5）你从电影故事中学会做一个什么样的人？

🎬 电影班会

1. 老师和你聊电影

（这部电影非常简单，所以把提问的机会还给孩子，鼓励孩子们提出好问题，有价值的问题。事先告诉孩子们提问题比回答问题更难，让孩子接受挑战。）

师：大家谁来介绍一下电影情节？

（让孩子们自由介绍电影情节，很多孩子不敢开口，就鼓励孩子记住多少讲多少，也可以讲讲某个印象最深的片段。目的是提高孩子的表达能力，使其敢于说话。余自扬开头炮，这个孩子在不断的训练中表达力越来越强，见解也越来越深刻。）

师：看电影提问题，我们看谁的问题更有启发性！

生：为什么天书被偷了，蛋生不是去印一本，而是去抢回来呢？（好问题，需要思考才能回答的问题。）

生：因为天书只有一本。

生：因为天书如果被狐狸盗走，有可能会祸害人间。

生：因为狐狸拿走了天书会害人。（孩子们知道问题的本质，知道抢天书的目的。）

生：如果袁公没把天书刻在石壁上，故事会怎样发展？

师：这个问题有价值，可以自由说，自由想象，回答的空间大。

生：没有天书，狐狸们就不会绞尽脑汁地去偷。

生：没有刻，狐狸就没有天书可偷，蛋生也不用费那么大的劲去抢回来。

生：袁公早就知道蛋生会来到这个世界上，就是想让蛋生造福百姓。

师：（追问）天书刻在墙壁上，既有可能被好人偷走，也有可能被坏人偷走，为什么还要刻？

生：想让蛋生记住天书的内容。

生：袁公是为了让蛋生学习天书上的本领，让百姓过上幸福快乐的生活，不被妖魔鬼怪欺负。

师：（追问）相对来说，坏人得到天书的愿望更强烈，为什么还要刻天书？

生：想让更多好人看到。

生：袁公想看看这个孩子的本领到底有多大。

生：怕天书丢失，所以刻在墙壁上。

（孩子们都没有真正说到点子上。）

师：世界上还是好人多，相信好人看到的机会会更多，我们很多时候不能为了预防坏人就不去做好事了，就不敢做好事了。简单的回答就是：不能因为坏人的存在就不敢做好事了。

生：为什么天书没了，天庭只怪袁公？

生：因为袁公是管理天书的。

生：因为天庭是让袁公负责管理天书的，出了问题当然就找他。就像我们一样，一旦负责了一件事，就要担负起责任。

生：狐狸把天书偷走后，蛋生有没有把天书夺回来？是怎么夺回的？

生：有夺回，是全力以赴才夺回的，不是一天两天就夺回的。

生：费了九牛二虎之力才夺回，历经磨难才夺回。

师：可以问得更直截了当些：蛋生在夺回天书的时候遇到了哪些困难？

生：被扔到井里，后来还被狐狸用石头压住。

生：这部电影告诉我们什么道理？

生：做人要善良，才会得到回报。

生：不要怕坏人，要勇敢地和坏人作斗争。

生：不能做坏人，要做个有爱心的人。

生：要天天做好事，不能做坏事。

生：要帮助别人。

（孩子们的语言都非常简单。）

生：狐狸的本性是怎样的？

生：狡猾。

生：奸诈。

师：看看如果老师来问这个问题，会怎样问，大家学习一下提问的技巧：三只狐狸各有什么不同？（引导孩子仔细分析不同，不能笼统概况。）

生：老狐狸狡诈，年轻的女狐狸利用美貌骗人，一条腿的狐狸很贪吃。

生：为什么那么多人会相信狐狸？（这节课最有深度的一个问题。）

生：因为狐狸用花言巧语蒙蔽了他们。（一语道破，厉害。我大大表扬这个孩子后他特激动。）

生：狐狸太狡猾，让人看不清它的真面目。

师：大家可以从另一个角度来回答，从百姓的角度。这样会提高自己的思考力，思考问题会更全面。

生：百姓也贪心，失去警惕性。

生：百姓最近缺粮食，所以不管是谁都会相信。

生：有的人容易被假象迷惑。

师：生活中，很多老年人就会相信地摊上的狗皮膏药，就会被那些小摊贩的花言巧语给骗了。

生：蛋生在夺回天书的过程中遇到了不少困难，谁帮助了他？他也帮助了哪些人？

生：袁公爷爷帮助了他。

生：袁公为蛋生解决了很多困难。

师：好人与坏人的最大区别是什么？

生：好人想造福百姓，坏人想夺取全世界。

生：好人做好事，坏人做坏事。

生：好人无私奉献，坏人不断索取。

生：好人心里想着大家，坏人只想让自己变得最强最好。

生：好人想帮助人类，坏人想得到更多的不义之财。

生：好人默默奉献，坏人每做一件事都要想到自身利益。

2. 我们班的作品

3. 我们班的影评

（1）傍晚，半边天烧红了。这时，热气已经退了，我心情愉快，在看一部叫作《天书奇谭》的电影。

这部电影情节大概是这样的：在一个风和日丽的早晨，袁公上了天宫，三只狐妖跑进袁公居住的山洞，各拿了一颗仙丹，吃了变成了人形。蛋生出世了，袁公把天书刻在石壁上，让蛋生拓印下来学习。后来，狐妖知道了蛋生的天书，给偷走了。蛋生经历了许多困难终于把天书抢了回来。

看了这部电影我悟出了一点道理：好人，是无私的，坏人则不断地索取。（毛彦文）

（2）今天我很高兴，老师又让我们看一部电影，太爽了，这部电影是我最喜欢的，叫《天书奇谭》。

袁公把天书带到凡间，将天书刻在石壁上，让蛋生把天书印下来学习本领。狐狸用诡计偷走了天书，蛋生就使出九牛二虎之力去夺回天书。其中我印象最深的是那三只狐狸，年轻的女狐狸用美貌来骗人，把普普通通的叶子说成神药，而那一只老狐狸在一旁配合着骗人，那些老百姓竟会相信狐狸精的话。我觉得老百姓们太无知了，才会那么容易上当受骗。所以我要多读书，当一个智者，这样才会识破坏人的诡计。

这部电影我最喜欢的人物是蛋生，他学法术总是帮助老百姓，让他们的生活越变越好，不像狐狸们那样，总希望自己过着比神仙还舒服的生活，还帮助坏人为非作歹。

从现在开始我要努力学习，做一个像蛋生一样善良、聪明的人。（余自扬）

（3）看了这部电影我感悟到，不能像那三只狐妖一样，因为老狐狸很爱骗人，年轻的狐狸用美貌吸引别人，瘸腿的狐狸很贪财，还很贪吃。这部电影告诉我们做人要诚实，不能说谎，也不能够做伤天害理的事，要做一个诚实守信的人。（毛文君）

🎥 教学感悟与建议

（1）这部影片故事情节简明扼要，一年级、二年级的孩子都可以看得懂。

（2）在电影课上我尝试着把提问的机会还给孩子，培养孩子提问的能力。有的时候会从孩子的提问中得到启发、得到灵感，延伸出好问题，锻炼了孩子的思考能力。

（3）电影故事充满了正能量，有利于让孩子们学会明辨是非，树立正确的价值观。

（福建省闽清县东桥镇中心小学　张秀明）

我们都曾是无法无天的齐天大圣

(《大闹天宫》)

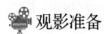电影的教育价值

　　每个孩子都在故事中看到无法无天的自己，但又必须接纳约束和规则，承担自己的责任和使命。电影故事引导孩子们懂得勇敢无畏是非常可贵的品质，但无法无天的状态却不能持续太久，总要学会接纳规则和约束，在规则之内实现积极的成长。

观影准备

1. 我们班的电影海报

2. 带着问题看电影

（1）你喜欢孙悟空的什么特点？

（2）为什么叫齐天大圣？

（3）孙悟空对抗天庭对不对？

（4）你认为电影讲的是一个关于什么的故事？

电影班会

1. 老师和你聊电影

师：俺老孙上天入地无所不能，哪有不能去的地方。孙悟空本事有多大？

生：孙悟空一个跟头十万八千里。

生：孙悟空去龙宫探得金箍棒。

生：孙悟空敢探险水帘洞。

生：后面的故事中他还打死很多的妖怪。

师：做官有什么意思？孙悟空为什么说做官没意思？

生：孙悟空喜欢自由，不受管束。

师：大胆妖猴，无法无天。你认为无法无天对吗？

生：好像不对。到哪都得遵守秩序和纪律。

生：秩序和纪律得公正公平。

师：我们在孙悟空身上学到了什么品德？

生：他敢于反抗不公平的对待。

师：孙悟空有一双火眼金睛，他明辨是非，他的反抗不是无原则的反抗，而是反对错的，维护对的。在《西游记》的故事中，孙悟空接受了师父唐僧的管束，护送唐僧去西天取经，战胜了很多的妖怪，取得了非常了不起的成绩。所以，孩子们，在你们无法无天的时候，要学会分辨是非，更要学会接受规则。做正确的事情，才是真正的成长。

师：孙悟空健康的性格表现在哪些地方？

生：他不爱记仇。从五行山下出来之后他勇敢承担了自己的责任。

生：他爱广交朋友，天宫的神仙虽然镇压过他，但他在取经的途中能够化敌为友，得到他们的帮助。

师：大家说得好，一个心理健康的孩子不会总是抱怨，也不会总想着报复别人，而是积极做正确的事情。

师：大闹天宫之后就是西游取经的故事，大家喜欢谁？为什么？

生：我喜欢大师兄孙悟空，因为孙悟空爱憎分明，本事特别大，无怨无悔地护送师父去取经。

生：我喜欢白龙马。白龙马，蹄朝西，驮着师父取经去。

生：我喜欢沙和尚，任劳任怨，非常的踏实。

生：我喜欢猪八戒，八戒八戒，就是要戒掉自己的缺点。八戒很真实。

师：大家说得好，其实这师徒四人，是一个人的不同方面。唐僧象征本心，孙悟空象征元神，猪八戒象征欲望，沙和尚象征躯体。战胜一个个妖魔的过程，就是在修炼中战胜各种魔相、魔境的过程。

2. 我们班的作品

孙悟空 胡宇航画

3. 我们班的活动——演一演

孙悟空：什么人？

仙女：我们奉王母之命来摘仙桃，你是何人？

孙悟空：哦，原来是王母派来的，俺乃是齐天大圣，你们采桃儿何用？

仙女：为开蟠桃盛会准备果品。

孙悟空：有趣有趣，但不知这蟠桃会上请的是哪路神仙？

仙女：太上老君，南海观音，五百罗汉，上八洞神仙，中八洞神仙，下八洞神仙。

孙悟空：嗯嗯嗯，还有哪些？

仙女：很多呢，天上神仙都邀请，连下界的东海龙王……

孙悟空：住口，难道没有俺齐天大圣的座位？

仙女：呵呵呵，什么齐天大圣，没听说过，一个管桃园的猴头妄想去瑶池赴会，真是做梦，呵呵呵呵……

孙悟空：嗯，好啊，请我上天原来是这么回事，哼！玉帝老儿，你三番两次欺压俺老孙，俺与你誓不两立。

4. 我们班的影评

（1）电影《大闹天宫》的故事让我有一个当美猴王的梦想，住在花果山，勇闯水帘洞，敢闹天宫，我看到一个勇敢无畏的齐天大圣。（葛潇）

（2）孙悟空本事非常大，但是他愿意保护唐僧去西天取经，不怕路途遥远，不怕妖魔鬼怪，这样的孙悟空是真正长大了。（雯丽）

教学感悟与建议

（1）电影对孩子的教育价值，不在于学习孙悟空的无法无天，而是要学习他能够明辨是非，敢于对不公正进行反抗。

（2）孙悟空后来接受约束，收敛野性，护送唐僧取经，这教育孩子们，真正的成长建基于接受规则。

（3）孩子们的作品比较稚嫩，只要敢画就值得表扬。

（商丘师范学院　孔童谣）

永不放弃的勇敢之心

(《大圣归来》)

🎬 电影的教育价值

英雄并没有随着岁月烟消云散，只是等待某一天再续辉煌，涅槃重生。限制英雄的从来都是自己，大圣自我觉醒的过程充满了人生意义，具有更深层次的哲学意义。

电影告诉我们，每个人都有逆境，都会有面临失败和挫折的时候，重要的是学会忍耐和等待，学会在失败时积蓄力量。始终葆有永不放弃的勇敢之心，属于你的英雄时刻终会归来。

🎬 观影准备

1. 我们班的电影海报

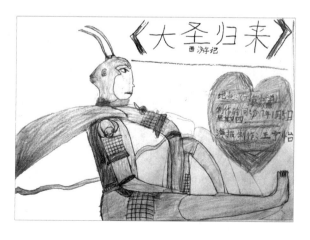

2. 带着问题看电影

（1）电影中哪些情节给你留下了深刻的印象？

（2）电影中主要有哪些人物？你喜欢谁？说说理由。

（3）大圣刚从五行山下解除封印时，他愿意别人喊他大圣吗？他一直最想做的是什么事？

（4）电影的名称是什么时候出现的？为什么叫《大圣归来》？大圣归来的又是什么？

电影班会

1. 老师和你聊电影

师：看完电影后，大家心里都有不同的想法，现在我们简单地进行一下探讨。首先，大圣给你留下了什么样的印象？

生：大圣是一个武功高强的人。他特别厉害，先是打败了山神，还把山妖的大王也打死了。可厉害了！

生：大圣特别的酷。在最后他和山妖决斗的时候，从耳朵里抽出金箍棒，酷极了。

生：我觉得大圣很搞笑。江流儿问他问题的时候，大圣不愿意搭理江流儿。我看这一段的时候忍不住想笑。

生：我觉得大圣非常有爱心。傻丫头被山妖抓走了，大圣去救傻丫头。这不正说明大圣有爱心吗？他很善良的。

师：同学们可真棒！不仅说出了大圣是一个什么样的人，还说出了自己的理由。大圣确实是一个非常勇敢又非常善良的人。可是大圣在电影中一开始就善良吗？就勇敢吗？

生：勇敢啊！他还打败了天兵天将呢，非常厉害。

师：那时候的大圣是真正的勇敢吗？他为什么会被压在五行山下？他善良吗？

生：他大闹天宫，被如来佛祖压在五行山下。我觉得大圣武功很厉害，但我不知道他善不善良。

师：大闹天宫的大圣确实很厉害，武功高强，可是他违反了天规，就像学生违反了纪律一样，所以如来佛祖才会把他压在五行山下。大圣解除封印后，他一直最想做的是什么事？要举出具体的情节。

生：他想解除他手上的封印。他先用石头砸封印，可是砸不掉，后来他又换了大石头，还是没有砸烂，都砸到他的脚丫子了。

生：在江流儿求大圣去救傻丫头的时候，大圣用手磕山，也没有把手上的封印解除，最后还掉进了水里。

师：是的！大圣一直都想解除他手上的封印。因为封印解除不了，他就没有办法驾驭筋斗云，也使用不了他的金箍棒。刚才有同学提到江流儿求大圣去救傻丫头，大圣刚开始的时候去了吗？

生：大圣他不敢去，说了好几遍"我管不了，管不了……"

生：大圣刚开始的时候不敢去，掉到水里之后他回忆了很多，在他快被淹死的时候，从水里站了起来，对猪八戒说："老猪，跟我走！"

师：是的！大圣尽管没有解除掉手上的封印，但他勇敢地去救傻丫头，并且对山妖的大王喊道："大圣来了！"这是他自己喊的。他之前愿意让别人喊他大圣吗？《大圣归来》这部电影到底讲的是什么呢？

生：找到自己。大圣被如来佛祖打败压在五行山下，他不敢承认自己是大圣。他刚开始的时候打不过山妖大王，被山妖大王踩在脚下。后来，他还是勇敢地去救傻丫头和江流儿，又变成了大圣，能从耳朵里抽出金箍棒了。

师：你可真是太棒了。竟然说出了大圣"找到自己"，你的说法都超出了老师的想象，太厉害了！不知道同学们还记不记得大圣说过一句话："有一天你要是够勇敢，够坚强，你就能驾驭它们。"请你联系生活实际讲一讲你寻找到你自己了吗？

生：每天放学回家，我想玩，又得写作业，我都是先写完作业，才去找伙伴玩的。

生：我有时候想看电视，但我都是把作业做完了再去看电视。

生：我参加了老师的"挑战读书100天"活动，我每天回家都坚持读书和写日记。

师：看来，我们班的同学比大圣要厉害多，不管在学习上，还是生活中，都能够寻找到自己。而且同学们都说得非常准确，联系了自己的生活实际，说出了自己心里的真实想法。请大家为自己鼓掌！最后，我希望同学们把大圣的"有一天你要是够勇敢，够坚强，你就能驾驭它们"牢记在心中，并行动起来。现在老师把这句话改一下，我们一起大声地告诉自己：有一天我要是够勇敢，够坚强，我就能驾驭我自己。

生：（齐）有一天我要是够勇敢，够坚强，我就能驾驭我自己。

师：希望吴老师，希望我们班的每一位同学，每一只小蚂蚁，都能有一天，够勇敢，够坚强，能够驾驭自己，成为最好的自己。好，我们今天的聊电影就到此结束，下次我们再继续奇妙的电影之旅！

2.我们班的作品

3.我们班的活动：演一演

江流儿：大圣，二郎神真的有三只眼睛吗？

（大圣被烦得一拳打倒大树。）

江流儿：好厉害！

江流儿：大圣，大圣，巨灵神是不是力气很大？

大圣：很大。

江流儿：四大天王是兄弟吗？

大圣：是姐妹。

江流儿：那哪吒是男孩儿吗？

大圣：女的。

江流儿：托塔天王有塔吗？

大圣：没有。

江流儿：塔里有人吗？

大圣：哎呀……没有。

4. 我们班的影评

（1）江流儿在最后被压在石头堆里，大圣以为他死了，眼泪都快流出来了，他非常伤心。这让我很感动。（王家林）

（2）江流儿从小就是听着齐天大圣的故事长大的，他一直都认为齐天大圣没有死，只是睡着了。他也想见到齐天大圣，验证齐天大圣是不是像戏文里说的那么厉害。可是当他见到齐天大圣，有那么多问题问他的时候，大圣却不愿意搭理他，特别搞笑。（王心灵）

（3）师父法名捡了江流儿，非常疼爱他，照顾他长大。这让我非常感动，也让我想起了我爷爷。（秋洁）

（4）这已经是我第二遍看《大圣归来》了。看第一遍的时候，这部电影刚上映，当时我并没有太注意情节，只是觉得蛮搞笑的。今天再看这部电影，我想到了两点：第一，大圣被压在五行山下五百年，但他没有放弃逃出来的念头。这就像同学们学习一样，不能轻易地放弃。第二，一定要相信自己。大圣从五行山下逃了出来，但他手上的封印还没有解除，这就像我们自己，有时候会被生活琐事束缚，但我们一定要相信自己，战胜自己。（王心灵妈妈）

教学感悟与建议

（1）这部电影可以和《大闹天宫》相关联着看，两部电影之间的联系有助于孩子们理解人物的心理变化。

（2）让我们拥有一颗勇敢的心，找寻到自己，做最好的自己……这一主题可以不断深化，成为班级的共同语言密码。

（安徽省阜阳市颍东区杨楼孜镇王台小学　吴培）

紧握信念的种子

《小男孩》

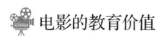 电影的教育价值

　　这是一部富有正能量的影片，小男孩凭坚定的信念完成了六个不可能的任务，他相信信念的力量，相信爱的奇迹，最终深爱的父亲从战场中幸存下来。电影教育孩子们要保持内心的信念，不管它是多么的弱小，只要你不放弃，都会长成参天大树，继而影响和改变你的生活。但秉持信念需要巨大的勇气，需要持之以恒地去完成。

 观影准备

1. 我们班的电影海报

2. 带着问题看电影

（1）小男孩的名字是怎样来的？

（2）电影最打动你的是什么？

（3）小男孩完成了心愿清单，他的父亲还是没有回来，如何理解？

（4）小男孩为什么能和日本人桥本成为朋友？

🎬 电影班会

1. 老师和你聊电影

星期五的下午，我们看了电影《小男孩》。刚开始，我很担心二年级的孩子们看不懂这部电影，但是令我没有想到的是，一个半小时的电影，孩子们居然安安静静地看完了，而且通过讨论我发现，这些二年级的孩子，居然大部分都看懂了。

（1）小男孩名字叫什么？他为什么得到了一个"小男孩"的外号？

孩子们说："他叫佩伯，是因为他太小了。"可是佩伯得到这个外号不仅仅是因为他太小了，看来孩子们没太明白"小男孩"这个名字是带有侮辱性的。于是我们一起回顾了电影的情节。电影伊始，佩伯和孩子们一起照相时显得那么的不起眼，这时弗雷迪骂他"侏儒"，甚至有一天，弗雷迪带着一伙孩子抢走了佩伯买给爸爸的靴子，不停地叫他"侏儒"，还把汽水淋在他头上，并且给他起了一个名字"小男孩"，后来还把他推到垃圾箱里。所以，"侏儒""小男孩"这两个外号是伴随着欺辱而产生的，是带有侮辱性的。这时我问孩子们："你喜欢被人叫'侏儒''小男孩'吗？"孩子们说不喜欢，当别人叫自己这个名字会很难过。我总结说："佩伯因为个子矮小，在小伙伴中受尽欺辱。"

（2）这种情况下，谁是佩伯最好的伙伴？他和佩伯一起经历了哪些事？

对于谁是佩伯最好的伙伴，孩子们都知道是爸爸。那他和佩伯一起经历了哪些事呢？有的说："完成清单。"哈，看来记错了。有的说："当牛仔。"对了。有的说："当海盗。"对了。还有的说："当警察。"哈哈，这个不对，是当被警察追的强盗。我们一起回顾佩伯当牛仔时的情景——爸爸对佩伯说："你相信你能做到吗？"佩伯说："我相信我能做到。"我问孩子们："爸爸通过游戏传达给孩子的是什么？"有的说是勇气，有的说是坚定，有的说是信心。对了，是"信心"。我对在后面的家长们说："是的，佩伯的爸爸不是要孩子做什么，而是在游戏中自然而然地就传达给了孩子面对困难的信心，这是非常重要的。"而看电影，最重要的是要让孩子们自居为里面的主人公，于是，每出现一个场景，我就会问孩子们："你相信你能做到吗？"孩子们响亮地回答："是的，我相信我能做到。"

（3）爸爸为什么要上前线打仗？

孩子们说："因为哥哥伦敦没法去。"是的。这时，我给孩子们补充了一下相关的背景知识。我出示了电影中的一个画面，一个人拿着希特勒的画报在看。我问孩子们："你们知道画报中的人是谁吗？"孩子们没有说话，我说："这个人很有才，名叫希特勒，画画得很好，但是，成为德意志第三帝国元首后，积极扩军备战，并于1939年指挥德军入侵波兰，直接导致第二次世界大战的爆发。其间犯下种种罪行，包括迫害和屠杀六百万的犹太人。"听到这里，孩子们有些震惊了。接着我又给他们介绍了第二次世界大战，以及日本偷袭珍珠港，所以美国人民和日本人民在当时是有着深刻的仇恨的，这是当时的历史背景。因为日本偷袭珍珠港，所以美国要反击日本，年轻人都要上战场，而哥哥伦敦是扁平足，不能上战场，因此准许爸爸代替他去。就这样，爸爸离开了这个家，离开了佩伯。

（4）佩伯为什么要在店里偷偷地拿一颗芥菜籽？

柯愈泉说："因为他觉得魔术师的力量来自这里，他就可以移动一座山，这样他爸爸就可以回来了。"说得真好，说明柯愈泉是认真看了电影的。我们再次回到电影：佩伯以为爸爸马上就要回家了，给爸爸买了他一直想要的鞋子，还买了两张魔法师伊格尔的演出票，期待爸爸可以马上回家。但是前线传来的消息是爸爸被俘虏了，佩伯便和哥哥一起去看表演。在表演时，魔法师让佩伯上台移动一个汽水瓶子，当时他问佩伯："你相信你能做到吗？"这句话让佩伯想起了爸爸，于是他坚定地说："是的，我相信我能移动那个瓶子。"奇迹发生了，那个瓶子真的移动了，而佩伯也相信他拥有了魔法。

神父说:"如果我们拥有像芥菜籽一样大的信仰,我们就能移山,如果我们能移山,那么就没有任何事情可以难倒我们,甚至可以结束这场战争,让我们的爱人归来。"我问孩子们:"这句话是什么意思?"奉柏羽说:"有了信念,就可以做很多事。"说得真好!我对孩子们说:"这句话只是个比喻,是说:信仰再小,也能干大事。而佩伯以为,魔法师能移山的能力,来自这一颗芥菜籽,拥有了魔法,就能移山,就能结束战争,爸爸也就可以回来了。"孩子们笑了。于是我问佩伯的目的是什么,孩子们说:"想爸爸早点回来。"是的。"可偷别人东西是对的吗?""不对。"孩子们说。于是佩伯受罚了。

(5)神父是怎样对他解释信仰的呢?信仰是不是魔法呢?

总是觉得,神父是个特别聪明的人,他用一个很巧妙的方法就让我们明白了信仰的含义:"是的,因为你让我移动了它。我移动它是因为,你是如此想让瓶子移动,那么,你可以说是信仰的作用。"这就是信仰,我对孩子们说:"信仰就是你内心强烈的渴望,只要你信念坚定,全世界都会为你让路。"于是孩子们明白了,信仰不是魔法,它来自自己的内心。内心有多渴望,信仰就有多强烈。后来,神父给了佩伯一张清单,他说,如果照着清单上的任务做,它能使信仰充满力量。我问孩子们:"是哪些任务呢?"有的说:"给没有衣服的人以衣服。"有的说:"给饥饿的人以食物。"……是的,是这样。

清单:①给饥饿的人以食物。②给无家可归的人以庇护。③给监狱中的人以关怀。④给衣不裹体的人以衣物。⑤探望病人。⑥埋葬死去的人。⑦和桥本先生成为朋友。

我问孩子们:"其中最难的一项是什么?"有的说:"埋葬死去的人。"不对。有的说:"探望监狱里的人。"不对。还有的说:"和桥本先生做朋友。"对了。"那么,为什么这一项最难呢?"有的说:"因为当时美国人和日本人彼此充满仇恨。"说得真好。神父说:"哪怕你心里有一点点仇恨,信仰也不会起作用。"这里,我又联系了孩子们的生活实际,对孩子们说:"如果,你恨你的同学、爸爸妈妈、爷爷奶奶、哥哥弟弟姐姐妹妹,那么,你的信仰也不会起作用。"

（6）佩伯和桥本一开始就成为朋友了吗？

"没有，他把汽水扔了。"于是我们又一起回到电影：佩伯去道歉，桥本不理他。佩伯去买了汽水，桥本给扔了。我问孩子们："桥本为什么要拒绝佩伯？"有的说："因为他不喜欢喝汽水。"呵呵，不对。有的说："他本来就不喝汽水。"呵呵，还是不对。这是因为，佩伯伤害过桥本啊，是他告诉伦敦桥本在商店里，于是伦敦告诉桥本商店不卖东西给日本人。是他骂桥本"肮脏的日本人"，是他向桥本的家扔石头，伦敦还骂桥本"斜眼睛的家伙"，并企图烧了桥本的家。我问孩子们："如果有人骂你'斜眼睛的家伙'你心里怎么想？"孩子们说："很难过。"难怪桥本会不理佩伯。

（7）大家为什么那么恨日本人？那些在战场上死去的美国人是桥本杀的吗？那你觉得佩伯和伦敦他们做得对吗？

山姆的孩子也在战场上牺牲了，他也很恨日本人。但是那些在战场上死去的美国人是桥本杀的吗？孩子们说："不是。""那你觉得佩伯和伦敦他们做得对吗？""不对，要和他们做朋友。"我又进一步深化："日本帝国主义也曾经伤害过我们，但是如果我们的面前站着一个日本小姑娘，你会怎么办？"孩子们争着说："和她交朋友。""你会恨她吗？""不会。"是啊，我们不是要教孩子们学会仇恨。

接着，我问："这个时候的佩伯和桥本是真心的朋友吗？"有的说是。其实不是。他在跟桥本出去玩的时候大声说："我的家人知道我在哪，尤其是伦敦。"这充分说明了他对桥本是不信任的。他和桥本去买冰淇淋的时候，让桥本先进去，生怕别人看见他和桥本在一起。还有，弗雷迪要打佩伯，桥本救了他，弗雷迪骂他日本的走狗，他让桥本立刻停车，说明他的心里还是有芥蒂的。甚至有一次，别人问他桥本是不是他的朋友，他直接说："他不是我的朋友。"这些都说明，佩伯此时和桥本还不是真正的朋友。赵博杨说："他只是想完成他的任务。"说得真好！

（8）他们后来成为朋友了吗？为什么能成为朋友呢？

小朋友们说："成为朋友了。""为什么能成为朋友呢？"我们又一起梳理。原来，神父走了，哥哥在监狱里，妈妈很脆弱，佩伯找不到人帮他完成清单，便去找桥本。而桥本并没有记恨佩伯，接纳了他，帮他完成清单。

首先完成的是什么任务？有孩子说："去监狱。"我说，去监狱的任务他已经完成了，他哥哥伦敦在监狱里。有孩子说："探望病人。"是的。这时，我出示了一个细节——病人床头柜上的勋章和照片，问孩子们："你看出什么来没有？"孩子们说："他是个战士，他有勋章。"我说："是的，他们看望的病人，是一个在战场上受伤的美国人。美国和日本正在打仗，桥本有没有因为这个人打击过日本而不带佩伯去看他？""没有。""那说明什么？"孩子们没有说话。我说："说明桥本的心很宽容啊。"

接下来呢？孩子们说："给没有家的人以庇护。""那给了谁？"高永政说："提卡普。""是的。当我们看到提卡普那幸福的笑时，你心里什么感受？""很开心！"这时，我出示了一句话："赠人玫瑰，手有余香。"这时孩子们叽里哇啦地说开了："己立立人，己达达人。""人人献出一点爱，人间永远是春天。"说得真好！

还有呢？"给没有衣服的人衣服穿。"是的，画面再次出现佩伯给未出生的小宝宝织毛衣的画面。我问孩子们："这衣服能穿吗？""不能。"有孩子说。"那么这位准妈妈为什么还那么高兴？"有几个孩子回答得不对，有一个孩子说："因为佩伯学会爱别人了。"说得真好！是啊，在这个过程中，小男孩佩伯从一开始的受尽欺辱，到现在学会关爱别人，缘于谁的帮助呢？孩子们说："桥本！"

于是，两颗孤独的心在慢慢走近。

而此时，弗雷迪抢走了佩伯的清单，"佩伯去找他要了吗？他怎么会有勇气去找他要呢？"孩子们争着说："是桥本给他讲了一个故事。"赵博杨完整地把武士的故事讲了一遍。看电影看得真认真啊！我们又一起读了桥本的经典台词："用意志去面对内心的恐惧，去战斗。……要用这到天空的距离去衡量自己，你就是镇上最高的男孩。"于是，佩伯真的独自一人去"战斗"了。这时，我把两个画面作了一个对比：原先，是佩伯和爸爸一起去战斗；

而现在，是佩伯独自一人去战斗——佩伯长大了，比以前更坚强了，他敢于向邪恶说不了！我问孩子们："是谁帮助他找回了自信勇敢地面对邪恶？"孩子们大声说："是桥本！"而桥本的家里，也挂着两个字："友情。"我又问："日本人桥本和美国人弗雷迪，谁更可爱？"孩子们说："桥本！"

（9）他们成为朋友了吗？从什么事可以看出他们已经是朋友了呢？为什么能成为朋友呢？

有孩子说："桥本病了，佩伯哭了，还说别死。"我说，是的，可是在这之前还有件事能说明他们已经成了朋友。于是出现清单"给饥饿的人以食物"。妈妈让佩伯邀请一位朋友到家里来做客，佩伯邀请了桥本，还对妈妈说："他就是我的朋友。"这说明，在佩伯的心里，桥本已经成了一位真正的朋友。桥本帮助佩伯，佩伯邀请桥本，"朋友就是互相鼓励，互相关心，这才是真正的朋友"。

（10）是什么力量支撑着他要去完成这些事？那么爸爸回来了没有？

孩子们说："他想让爸爸早点回来。"是的，正是这样强烈的愿望支撑着他去完成清单上的任务。而要想战士们回家，必须结束战争，于是，佩伯又开始对着太阳升起的地方发力。"这些大人或许不相仿佩伯有神力，但是他们被佩伯的执著、坚忍深深感动了。"然而爸爸仍然没有回来。

（11）那么战争结束了吗？以什么方式结束的？你认同这样的方式吗？

"结束了！""那么以什么方式结束的？""原子弹！"是的。这时，出现电影中的画面，而现实生活中，美国投向广岛、长崎的核弹的名字，就叫"小男孩"。小男孩佩伯终于成功了！战争结束了！爸爸可以回家了！

但是，你认同以这样的方式结束战争吗？再次出现日本广岛、长崎的画面，满目疮痍，孩子们不说话了。我再次问他们："你认同以这样的方式结束战争吗？"他们说："不同意。""为什么？""太残忍了。"是的，太残忍了。难怪佩伯会做噩梦。

（12）清单完成了，但是爸爸还是没有回来，是不是说，佩伯之前的努力都是白费力气呢？

桥本快要死了，爸爸在战场上也受了伤，没有想到，清单上的最后一项任务"埋葬死去的人"，指向的是"死去"的爸爸！这时，我问孩子们："清单完成了，但是爸爸没有回来，是不是说，佩伯之前的努力都是白费力气呢？"孩子们说："不是的。"有的说："他和桥本做了朋友。"有的说："他学会了爱别人。"有的说："他有勇气了。"说得真好啊！说明孩子们是真懂这部电影了。

正像桥本对佩伯说的："拥有信念是需要勇气的。你的爸爸也一定会为你骄傲的。你对他的爱就全在这一张清单里了。"佩伯完成了清单，他的爱、他的信念当然不会白费：剧情反转，传来消息说爸爸没有死，之前搞错了。

（13）究竟是什么让佩伯成功的？

孩子们说："是信仰。"我问孩子们："你有信仰吗？你会像他一样为了一件事而坚持到底勇敢地争取吗？""会！"孩子们大声说。

刘俊豪说："我知道这个动作是什么意思了。"他做了做小男孩的动作。"什么意思？""是……"我忘记他说什么了，但是我知道不对。尹磊大声说："是信仰！"是的，意味着信仰。

感谢《小男孩》给我们这么多启示。

我在想，我也会把清单交给孩子们，因为如果我们去做这些事，它会让我们的信仰充满力量。

2. 我们班的作品

3. 我们班的影评

（1）星期五，韩老师给我们放了关于"二战"的电影《小男孩》，电影是用童话的方式来讲述战争的故事。

电影中小男孩的哥哥是扁平足，不能参战，爸爸替他上战场成了日本的战俘。爸爸是小男孩心中的"伙伴"。后来小男孩遇到了善良的神父，他给小男孩一个《圣经》里的清单，并且告诉他要按照清单里的任务一条一条地完成，那么在战争中失联的爸爸就会回来。小男孩坚定地相信，如果完成清单里所有的任务那么爸爸一定会回来。

我个人认为日本大叔桥本这个角色非常好，我们的主人公一开始受到排斥，在相处中他们互相了解，互相交流，慢慢成为一对好朋友。这也从侧面反映出美国这个国家的包容心态，虽然有一些过度偏激的人会把仇恨发泄在普通人身上，但大部分人都是不过分的。

无论是对普通人还是军人，战争都是残忍的，需要付出沉痛的代价。核武器的威力很大，这次战争对日本的打击很大，许多普通人都被这场灾难牵连到。希望不再有战争，生活在和平的世界是多么幸福的一件事。

看完电影你会充满正能量。小男孩选择了相信，而他赢了。这样的勇气是很多大人都不曾拥有的，因为人越长大，顾虑越多，失去了单纯的念想，而孩子的眼里，是非黑白很分明，小男孩用小小的信念创造了奇迹，最终一家人得以团聚。（蒲睿）

（2）我看了《小男孩》这部电影，感触很多。我觉得小男孩像一名很勇敢的战士，因为小孩为了救自己的爸爸，和日本人桥本成为好朋友，而且桥本也帮助了小男孩很多。小男孩每次遇到困难，都会想起爸爸曾经对他的鼓励。

当我看到小男孩为救自己的爸爸，要完成清单上的任务时，我感动得哭了。我觉得我们要向小男孩学习，去帮助应该帮助的人，多做好事，这样就能感动上天，感动身边的人。我记得最深的就是每次遇到困难，爸爸就会说："你能做到吗？"小男孩就会回答他说："我相信自己，我能做到。"我们也像小男孩一样相信自己，坚定自己的信念，去完成每一件事情。（汪祥麟）

（3）看了电影《小男孩》之后，我知道了小男孩长得不是很高，同伴们都不喜欢他，经常欺负他，只有他的爸爸对他很好。他只有一个伙伴，就是他的爸爸。由于战争，他爸爸代他哥哥出征去了，他特别想爸爸早点回来。为了爸爸能早点回来，他坚定信仰，一直做自己认为合理的事，而这受到别人的嘲笑。可他不在乎，甚至和日本人做朋友，哥哥也受到感动，最终爸爸回来了！小男孩的善良与真诚温暖着我们每一个人的心，他的执著和信念，印证着亲情的无比强大。（奉柏羽）

（4）昨天下午看了《小男孩》这部电影，感触很深。原来父母在孩子的心目中都是伟大的。父母对孩子的陪伴真的特别重要。也没有任何人能够代替父母这个重要的角色。

选择相信是需要勇气的，爱和信念最终可以创造奇迹。小男孩单纯地相信只要心中有信仰，只要坚定自己的信念就可以创造奇迹。

在战争的阴影下，人们都很惶恐不安，但是小男孩却选择了相信。小男孩用他小小的信念创造了奇迹，最终一家人终于团聚了！（汪祥麟妈妈）

（5）昨天和二（7）班的小朋友们一起观看了电影《小男孩》，心里的感触很深。电影以战争为背景，生动地再现了战争时代人们所受的苦难。当时美国向日本投下的第一颗原子弹，名字也叫小男孩。电影也以"小男孩"命名，富有深意。在战争中，每个人都是受害者，人人都渴望和平。尽管那是个烽火不断、动荡不安的年代，可小男孩却依然怀揣着一颗善良而又真诚的心，小男孩的品质温暖着我们每个人的内心。（董星月妈妈）

（6）通过与孩子一起观看电影《小男孩》，我们当家长的感想颇多。从故事的情节联系到我们的现实生活，我想到：孩子们不管有什么缺点，作为父母要树立好榜样，与孩子融为一体，培养孩子的自信心，并鼓励他要勇敢、善良，有能力时帮助别人，最终使孩子长大后能成为一个善良又正直的人。（赵博杨妈妈）

电影感悟与建议

（1）电影让孩子们知道，信仰的力量是巨大的。但信仰的力量是通过行动展现的。我们不仅要树立伟大的信仰，更要重视完成意愿清单的行动。

（2）推荐一个绘本故事《犟龟》。乌龟陶陶要参加狮王二十八世的婚礼，一路上遇到重重困难。但是陶陶没有放弃，一直坚持了下来，终于赶上了狮王二十九世的婚礼。这同样是一个关于信仰的故事。

（四川省广元市旺苍县东河小学　韩岚）

3 勤奋自信的三年级

三年级的学习成绩起伏较大，思维方式和性格形成方面都是儿童成长的重要分水岭。这一阶段儿童开始面对学习上的困难，为学习成绩、为得到大家的欢迎、为引起老师的注意、为体育比赛中的胜利等开始与别的孩子展开竞争。他们不可避免地要将自己的聪明和能力与同龄儿童进行比较。在学习生活和竞争中如果儿童体验到了成功感，他们就会进入良性的教育学循环。而要在学习和竞争中获胜必须让勤奋成为生活的习惯，进而在人格中形成能力之品质。

　　所以，小学三年级这一阶段的儿童阶梯电影的主题是通过认识自我、学会承担、体味生活培养勤奋感和自信力。

生命是一场寻找自我的旅行

（《千与千寻》）

📽 电影的教育价值

电影的主题是认识自己，寻求自身的意义和价值。电影教育孩子们劳动和勤奋是改变生命状态的最好方式。人一旦被欲望左右，失去了勤奋，只知道享受，思想便开始沉沦，开始变得懒惰，如果不加以自省和控制的话，就会变成电影中的"猪"。贪吃变猪是生命被蒙蔽的一种状态，需要重新寻找自我，需要被擦亮，于是千寻开始了她的旅程。

📽 观影准备

1.我们班的电影海报

2.带着问题看电影

（1）爸爸是个怎样的人？千寻是个怎样的孩子？如果把电影中的人物分成两类，你会怎样分？每个问题都要举例说明理由。

（2）如果走错路了，你是继续走还是回头？说明理由。

（3）如果你是千寻，会吃第一次见面的白龙给的丸子吗？你会选择相信陌生人吗？为什么？

（4）所有的人都对金子两眼发光、垂涎欲滴，千寻为什么视若不见？是傻吗？如果是你，你会要吗？

（5）爸爸妈妈和千寻从另一个世界回来后，谁发生了变化？谁没发生变化？为什么？

电影班会

1. 老师和你聊电影

（1）一条路。

画有铁路的那张海报打动了我，所以话题从海报开始。

师：大家说说这条铁路有什么样的深意？结合故事来讲。

生：这条铁路通向钱婆婆那里。（孩子们基本上往内容上讲，没讲出引申义。）

师：别人告诉千寻，走这条铁路意味着什么？

生：一头是好人钱婆婆，一头是坏人汤婆婆。

师：千寻知道路的尽头是什么吗？知道路上会遇见什么吗？

生：别人告诉千寻，这条路会带来灾害。（这是一个会思考的孩子。）

师：别人直接告诉千寻，走这条路，有车子去，但无车子回。在哪里下车？

孩子们大都回答第六站，有的孩子回答很完整：第六站沼底站。

师：从这个站名可以看出什么？

生：说明很危险，随时可能陷进泥潭。

生：千寻走的是一条危险的路。

我肯定了以上两个孩子的回答后总结：好的电影，都是蕴含人生哲理的，沼泽意味着随时有危险，意味着表面风平浪静，实则处处陷阱。那为什么千寻还义无反顾地去呢？

生：缘自爱情的力量，救父母的决心，想回到人类世界的迫切心情。（这个孩子回答比较全面。）

很多孩子都回答为了救白龙，为了知恩图报。

师：对，是爱的力量，爱白龙，爱父母。影片中提到"爱"的人是谁？

孩子们都知道是锅炉爷爷，看来看影片都很认真。

师：大家以后会在生活中慢慢领悟到，慢慢感受到，爱能创造很多奇迹！

（2）善与恶的争辩。

师：大家用一个词或一句话来评价一下影片中的人物：（　　）的千寻、（　　）的小玲、（　　）的爸爸、（　　）的钱婆婆、（　　）的汤婆婆、（　　）的锅炉爷爷、（　　）的无脸男、（　　）的白龙。

有的孩子把除了汤婆婆外的其余人归为一类；有的孩子把爸爸妈妈和汤婆婆归为一类，其余归为一类。没有孩子把无脸男与汤婆婆归为一类。

孩子们归类的标准很简单：好人与坏人，善良与邪恶。

让孩子们重点评价无脸男，孩子们的思维都是非此即彼，非黑即白。

师：无脸男这个人物之所以难评价，是因为他既是好人，也是坏人。他什么时候是好人，什么时候是坏人？

孩子们都知道答案，但不知道内在的本质。

师：他和好人在一起的时候是好人，与坏人在一起的时候是坏人。正所谓近朱者赤，近墨者黑。那坏人都有什么共同的特征呢？

生：非常贪财。

生：没有付出就想得到。

师：是，贪得无厌，财迷心窍，见钱眼开。所以这部电影在提醒我们什么？

孩子们回答很简单：不贪财，付出才有收获。

师：告诉我们，贪得无厌的人最终自己会断送自己的生命。

（3）你会抵制诱惑吗？

师：所有的人都对金子两眼发光、垂涎欲滴，千寻为什么视若不见？是傻吗？如果是你，你会要吗？

生：因为千寻对这些金子根本不感兴趣，不想要，她一点都不傻。如果是我，我不会要，因为金子买不来所有东西。（一看就没有从本心出发，把它当成了考试答题。）

生：在千寻心中，父母与白龙是最重要的。所以她对金钱视而不见。

生：金子买不到太阳、生命、友谊。

生：千寻的目标是爸爸妈妈，是白龙，所以不要金子。如果是我，会要的。（这个孩子说自己会要时，声音怯怯的。真正敢于直视自己内心的人，会更勇敢，会更懂得拒绝。）

生：那是别人的钱，这属于不劳而获，即使得到也会心不安，不光荣。

生：一心只想着父母。

继续"刁难"孩子们，让他们学会深入思考：大家都说她一心只想着救白龙救爸爸妈妈，所以不要金子，那如果不救白龙就会要？

生：千寻与那个世界的人不一样，她不贪财。

生：她懂得不是自己的东西不能要的道理。

生：没有付出努力所以不要。她给客人放洗澡水，客人给的金子就要了。

生：千寻知道不能乱要别人的东西。电影一开始，父母贪吃，千寻就不吃那些诱人的食物。

（4）你变了吗？

师：爸爸妈妈和千寻从另一个世界回来后，谁发生了变化？谁没发生变化？为什么？

生：爸爸妈妈根本不知道自己变成过猪。

生：只是车变了，其余没变。

生：千寻变了，因为她变得很勇敢了。爸爸妈妈没有变，他们还是很贪吃。

生：爸爸妈妈不知道自己变成过猪，千寻经历后，变得更成熟了。

师：爸爸妈妈没有发生变化，那意味着他们还会贪，贪吃，贪财，贪心……千寻变了，变勇敢了，变大胆了，知道如何爱别人了，这些意味着千寻长大了，就像小木偶一样长大成人了。

（5）这条路。

继续回到路的问题上：所以这条铁路意味着什么？

生：意味着锻炼、锤炼，让人变得更大胆。

生：要自己一个人去走，去体验，才会更勇敢。一个心怀爱的人，不会害怕脚下的困难。

生：更有信心。

生：意味着爱。

生：意味着人要经历一些挫折才会长大。

师：这条路意味着：人需要勇敢地上路，需要勇敢地去冒险，去闯荡，去经历风雨，才会成熟，才会成长，才会懂得爱，内心才会更加强大！另一个世界象征着：我们每个人内心都有另一个世界，我们都有另一个自我，那个世界充满诱惑，充满险恶，我们需要与贪欲作斗争，与自我作斗争，才能立于地，顶于天！如果我们像爸爸妈妈一样贪心，抵抗不了诱惑，就会成为普通的俗人！生活中，像千寻一样的人少之又少，我们很多人就像影片中的大多数人一样，是抵挡不住各种诱惑的！需要经历一番考验，才会知道自己是不是千寻一样的人！老师肯定希望你们成为千寻一样的人！好的电影，会让人更趋向真善美！它是一部动画片，蕴含着丰富的生活哲理，需要大家慢慢去领悟！

经过这样的讨论，大家会更懂怎样思考问题，思考自己的人生，思考自己的价值观，然后努力做像千寻一样善良、纯洁、坚定、执著地去爱的人！时间不一定能改变一个人，有些人像爸爸妈妈一样永远执迷不悟！有些人像无脸男那样，遇到对的人，就变了！

2. 我们班的作品

3. 我们班的活动——一起学首诗

送大家一首诗，希望大家像千寻一样，不管路的尽头是什么，都勇敢地上路，遇到最美的风景，成为最好的自己。

这条路

［日本］ 金子美玲

这条路的尽头，会有大片的森林吧。孤单的朴树啊，我们去走这条路吧。
这条路的尽头，会有广阔的大海吧。荷塘的青蛙啊，我们去走这条路吧。
这条路的尽头，会有繁华的都市吧。寂寞的稻草人啊，我们去走这条路吧。
这条路的尽头，一定会有什么吧。大伙儿一块去吧，我们去走这条路吧。

4. 我们班的影评

（1）千寻和爸爸妈妈走进了"山洞"里。因为爸爸妈妈贪吃，被变成了猪，千寻不贪吃，还劝说爸爸妈妈不要吃，这是一种好品质——不贪吃。无脸男给她金块，她不要，这是一种好品质——不贪财。为了救身负重伤的白龙，千寻舍身到了巫师那里，这是一种好品质——勇敢。她帮助了无脸男，这也是一种好品质——有爱心。（谢宇程）

（2）今天我看了一部电影，名叫《千与千寻》，这部电影的导演是宫崎骏。这部电影中给我印象最深的人是无脸男，从他身上我懂得了不能和坏人一起玩，无脸男和好人在一起是好人，和坏人在一起就变坏了。

通过这个故事我懂得了人需要勇敢地上路，需要勇敢地去冒险、去经历风雨，才会成长，才会懂得爱。我要努力做一个像千寻一样善良、纯洁、坚定、执著去爱的人！（余自扬）

教学感悟与建议

（1）《千与千寻》这部电影非常经典，很多孩子以前看过，但是在一起集体看电影感觉和收获与一个人看时是不一样的。集体看电影，经典情节更能引起孩子们的共鸣。

（2）这部电影对于教育女孩子特别的合适，可以培养女孩子正确的人生观和价值观。

（福建省闽清县东桥镇中心小学　张秀明）

谁说女子不如男

(《花木兰》)

电影的教育价值

该电影对中国传统花木兰形象的突破在于，主题是一个女孩子成长的历程。电影中既有我们民族的文化和精神元素，也有对儿童成长的思考。电影教育孩子们要勇敢接受生活的挑战。很多时候囿于环境和传统观念的束缚，我们常常觉得事情不可能完成，目标不可能实现。花木兰给我们的启示就是挑战不可能。

观影准备

1. 我们班的电影海报

2. 带着问题看电影

（1）你最喜欢影片中的哪个人物？为什么？

（2）花木兰为什么能够成为巾帼英雄？

（3）木须龙在电影中起什么作用？它真正保护花木兰了吗？

（4）女孩子应向木兰学习什么？

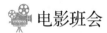 电影班会

1. 诵读《木兰诗》

木兰诗

唧唧复唧唧，木兰当户织。不闻机杼声，惟闻女叹息。

问女何所思，问女何所忆。女亦无所思，女亦无所忆。昨夜见军帖，可汗大点兵，军书十二卷，卷卷有爷名。阿爷无大儿，木兰无长兄，愿为市鞍马，从此替爷征。

东市买骏马，西市买鞍鞯，南市买辔头，北市买长鞭。旦辞爷娘去，暮宿黄河边，不闻爷娘唤女声，但闻黄河流水鸣溅溅。旦辞黄河去，暮至黑山头，不闻爷娘唤女声，但闻燕山胡骑鸣啾啾。

万里赴戎机，关山度若飞。朔气传金柝，寒光照铁衣。将军百战死，壮士十年归。

归来见天子，天子坐明堂。策勋十二转，赏赐百千强。可汗问所欲，木兰不用尚书郎；愿驰千里足，送儿还故乡。

爷娘闻女来，出郭相扶将；阿姊闻妹来，当户理红妆；小弟闻姊来，磨刀霍霍向猪羊。开我东阁门，坐我西阁床，脱我战时袍，著我旧时裳，当窗理云鬓，对镜帖花黄。出门看火伴，火伴皆惊忙：同行十二年，不知木兰是女郎。

雄兔脚扑朔，雌兔眼迷离；双兔傍地走，安能辨我是雄雌？

译文：

叹息声一声接着一声传出，木兰对着房门织布。听不见织布机织布的声音，只听见木兰在叹息。问木兰在想什么？问木兰在惦记什么？（木兰答道）我也没有在想什么，也没有在惦记什么。昨天晚上看见征兵文书，知道君主在大规模征兵，那么多卷征兵文册，每一卷上都有父亲的名字。父亲没有大儿子，木兰（我）没有兄长，木兰愿意为此到集市上去买马鞍和马匹，从此替代父亲去征战。

在集市各处购买马具。第二天早晨离开父母，晚上宿营在黄河边，听不见父母呼唤女儿的声音，只能听到黄河流水声。第二天早晨离开黄河上路，晚上到达黑山头，听不见父母呼唤女儿的声音，只能听到燕山胡兵战马"啾啾"的鸣叫声。

不远万里奔赴战场，翻越重重山峰就像飞起来那样迅速。北方的寒气中传来打更声，月光映照着战士们的铠甲。将士们身经百战，有的为国捐躯，有的转战多年胜利归来。

胜利归来朝见天子，天子坐在殿堂（论功行赏）。给木兰记很大的功勋，得到的赏赐有千百金还有余。天子问木兰有什么要求，木兰说不愿做尚书郎，希望骑上千里马，回到故乡。

父母听说女儿回来了，互相搀扶着到城外迎接她；姐姐听说妹妹回来了，对着门户梳妆打扮起来；弟弟听说姐姐回来了，忙着霍霍地磨刀杀猪宰羊。每间房都打开了门进去看看，脱去打仗时穿的战袍，穿上以前女孩子的衣裳，当着窗子、对着镜子整理漂亮的头发，对着镜子在面部贴上装饰物。走出去看一起打仗的伙伴，伙伴们很吃惊，（都说我们）同行数年之久，竟然不知木兰是女孩。

（提着兔子耳朵悬在半空中时）雄兔两只前脚时时动弹、雌兔两只眼睛时常眯着，所以容易分辨。雄雌两兔一起并排跑，怎能分辨哪个是雄兔哪个是雌兔呢？

2. 老师和你聊电影

这部影片幽默、风趣，非常适合儿童观看。影片虽然改编自中国传奇故事，但也添加了一些神话色彩，如老祖宗、木须龙及会说话的蟋蟀。影片语言风趣、行为搞笑，如送信的骑的不是马，而是熊猫，嘴上还说"快递"来了！这些轻松的风格，都易于被儿童理解和接受。

影片通过花木兰代父从军的曲折故事，宣扬了中国传统的孝顺、坚韧、爱国等美德，树立了古代巾帼英雄的形象，具有积极的教育意义。

《花木兰》是一部精彩的动画影片，适合儿童观看，也适合童心未泯的"老儿童"观看。

师：电影中的花木兰形象跟传统的花木兰形象一样吗？

生：不一样，电影讲的其实是一个美国式女孩的成长故事。

师：中国式花木兰在《木兰诗》中有什么特点？

生：《木兰诗》中花木兰是个巾帼英雄，忠孝两全，既出征守卫国家，又使父亲免于战争的危害。中国的花木兰是被迫从军的。

师：花木兰在从军前，父母担心什么？

生："列祖列宗，今天让木兰给媒婆一个好印象。求求您，帮助她吧。"父母担心她嫁不出去。

师：在这一场景中，爸爸跪在祠堂里，满面愁容地说出这样的话，也道出了古代中国女子的共同命运。长大就是为了嫁人，命运是被规划好了的。

师：美国式花木兰有什么特点？

生：美国的花木兰是主动从军的。她活泼、可爱、智慧。

师：是在响应内心的一种召唤。花木兰从军前面临一个心理困境：我不行，我不是好女孩，我找不到好婆家，我不愿意过传统上相夫教子的生活。所以，美国的花木兰更主动，更符合当代女孩子们的追求。

替父从军可以突破她自己的心理困境——我能行，从军不单是一次孝心之举，更是潜意识中自己都未曾察觉的自我证明。

师：电影中的花木兰有挫折，但神奇的是屡次都能化险为夷。是否因为她有守护神木须龙，幸运符蟋蟀，可汗马？

生：是啊，木须龙和蟋蟀都起了关键作用。

师：在电影中有一个情节，木须龙说，我们都是假冒的。花木兰是女扮男装，守护神是假冒的，连幸运符蟋蟀也是假冒的，在这里用木须龙的话点出了花木兰屡次化险为夷靠的不是庇护与幸运之神的眷顾。

所以啊，花木兰是有智慧的。并非花木兰有什么神力保佑，而一切靠的是花木兰自己的智慧和勇气，勇于担当，在训练中不服输的精神。

师：电影中除了花木兰，你们还喜欢谁？

生：还喜欢花木兰的奶奶。

师：奶奶透着超脱的可爱。尤其喜欢片末她说了一句："她还该带个男人来——下次再打仗，我也去。"而木须龙和蟋蟀代表木兰内心的勇气、懦弱、智慧以及挣扎。

师：电影很好地塑造了花木兰的成长历程：自我认同的模糊—勇于追求自己最喜欢的自我（女汉子）—更加自信、智慧——获得幸福的婚姻。

花木兰给我们的启示就是挑战不可能，这是电影在当今时代的意义，也是独立自主女性成长的必由心路。

3. 我们班的作品

4. 我们班的活动——一起学唱戏

谁说女子不如男

常香玉

刘大哥讲话理太偏,

谁说女子享清闲?

男子打仗到边关,

女子纺织在家园。

白天去种地,

夜晚来纺棉,

不分昼夜辛勤把活儿干,

这将士们才能有这吃和穿。

你要不相信(哪),

请往身上看,

咱们的鞋和袜,

还有衣和衫,

这千针万线可都是她们连(哪啊)。

有许多女英雄,

也把功劳建,

为国杀敌是代代出英贤,

这女子们哪一点不如儿男……

5. 我们班的影评

(1)学生一句话影评。

①花木兰十分的孝顺,冒着生命的危险替父从军。(王丹)

②花木兰她既爱家又爱国,我很喜欢。(赵志浩)

③花木兰是一个勇敢的人。(吴娇娇)

④木须龙看起来不着调，却帮了花木兰大忙。（李佳衫）

⑤我很喜欢木须龙，它很搞笑。（毛念伟）

（2）家长影评。

①战场是残酷的，身为女子的花木兰在开始时并没有那么远大的理想，只是想要活着回到家乡，回到父亲身边。就是因为有生的希望，在遇到困难时她以自己的聪明才智破关斩将，渐渐地由一名无名小卒变成了赫赫有名、有着卓越战绩的平北大将军。正所谓是巾帼不让须眉！（靳淑粤妈妈）

②听女儿讲花木兰用雪崩击退敌军的故事，感觉她机智勇敢。我们的生活中有很多的险境，我们应该像花木兰一样机智应对，不能慌张。（刘畅然妈妈）

教学感悟与建议

（1）花木兰的故事具有民族性、经典性和传统性，是对孩子们进行传统文化教育的极好素材。

（2）电影课程可以与《木兰诗》的诵读、河南豫剧《花木兰》的学唱结合起来。面对丰富多彩的活动，孩子们兴趣高昂，跃跃欲试。

（山西省忻州市东西小学　郭良锁）

走或者留是一个问题

（《南国野兽》）

 电影的教育价值

电影教育孩子有很多东西是不能改变的，比如你的出身、你的家庭、你所处的社会环境。当外部条件不好时，你要改变的是自己，拥有一颗勇敢强大的心灵才会具有改变世界的可能。心灵强大了才是真正的长大。

电影的教育价值 观影准备

1. 我们班的电影海报

2. 带着问题看电影

（1）影片中父亲是如何教育自己的孩子的？

（2）影片中的周围人是如何帮助小玉米这主人公成长的？

（3）影片中野兽（野牛）出现了几次？

（4）小玉米成为一个怎样的孩子？

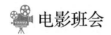 电影班会

1. 老师和你聊电影

师：孩子们，我先给大家介绍一下《南方野兽》的文本作者：露西·阿丽芭。露西·阿丽芭从小在佛罗里达长大，父亲是个刑事辩护律师，接触了很多穷凶极恶的杀人犯。在小阿丽芭眼中，父亲简直就是个奇葩。因为他会对小阿丽芭说：来，想象一下，你现在是一个人走在树林子里，突然，一个家伙开辆车冲过来，他跳下车，掏出手枪指着你，让你上车，怎么办？小阿丽芭总会被父亲这种无缘无故的恐吓给弄得不知所措，可父亲根本就不管她，继续说：你会怎么办？你不能上车！上去，你就挂了！你肯定会死在道上！

为什么会有父亲问自己的宝贝小女儿这么恐怖的问题？阿丽芭觉得他就是一个无法沟通的父亲。她觉得父亲无法正确地表达自己的意思。2001 年，阿丽芭去了纽约大学学习写作，为了写作她穷得叮当响。

不久，父亲心脏出了问题要做手术，后来又得了中风，她感觉父亲就要不行了。这时，她仔细想想，这么多年了，与父亲之间除了像树林子里有人拿枪逼你上车你上不上这种问题之外，他们真的没认真交流过什么，没说过"我爱你"，也没问过"你爱不爱我"。或许是缘于此，阿丽芭写了独幕剧《美味多汁》，写一个小男孩面对将死父亲的感受，剧中的父亲和阿丽芭的父亲一样，不懂得如何表达爱。泽特林看上了这个剧本，于是他和阿丽芭一起改编成了电影剧本《南方野兽》。原剧本中的白人小男孩改成了黑人小女孩。故事背景也从佛罗里达改成了密西西比河三角洲。

《南方野兽》里黑人父亲总是在想方设法教会 6 岁的女儿如何在沼泽地中生存下去的方法，比如何抓鱼，如何掰螃蟹，等等。阿丽芭自己在看电影的时候突然感觉到了一个父亲的恐惧，怕自己的孩子在世界上无法生存。电影成功后，阿丽芭的父亲也看到了，打电话给她说："这是我生命中最美好的一天，你在电影里可是偷了不少我的话啊，好在我不介意，你那个导演真是个天才！"

听了刚才我从网上了解到的作者的背景，不知同学们在电影中发现作者自己的经历了没有？是否能对电影多些理解，更能明白电影里的人物与情感以及导演和剧本作家的初衷？

师：电影中有一个原始的野兽，大家知道是什么吗？

生：看着像野猪。

师："这叫"原牛"——两百万年前牛的始祖，体型庞大，性情凶猛。

生：导演为什么要安排原牛的存在？

师：原牛在现实世界已经灭绝了，电影中安排原牛具有象征意义，象征人身上原始的本能。

师：我们看电影中的父亲是怎样照顾小玉米的。小女孩的父亲不常抱她，甚至是那么小就分住在两个房子里。父亲教她徒手抓凶狠的沼泽鲶鱼，教她如何自己生存，自己照顾自己。父亲爱小玉米吗？

生：父亲不善于表达，以自己的方式在爱着小玉米。因为他们的生活环境太恶劣了，如果不严酷训练，小玉米可能就无法活下去了。

师：你们喜欢小玉米什么？

生：电影中的小玉米坚强又懂事，在父亲的特意历练下很快自立起来。

生：小玉米，小小年纪就开始守护家园，心中有爱，懂得照顾父亲。

师：大家说得真好，看来大家都长大了，大家也要向小玉米学习，学习她的勇敢和坚强。

2. 我们班的作品

3. 我们班的活动——故事续编

电影故事结束后，新的故事开始了，可能会发生什么故事？请展开你的想象。

续编一：

小玉米猛地睁开眼发现外边下着大暴雨。妈妈还没有回家。小玉米叹了口气，想起刚做的那个奇怪的梦——一个美好的、温馨的又有些悲伤的梦。梦里她有爸爸，但没有妈妈。梦里的她假想有个妈妈，但现实里妈妈从来不管她。她在梦里有个爸爸，是个很棒的好爸爸。他教她捉鱼，生吃螃蟹，在洪水来的夜里冲到外面朝天大喊："我不怕你！"……但毕竟，梦醒了。小玉米有点忧伤。妈妈以前告诉她，爸爸死在她一岁的时候。那是场大洪水，爸爸为了救妈妈和她淹死了。小玉米每看到别人大喊他们的爸爸，她都会在心里跟着喊："爸爸！爸爸！"

她起身开火做饭。看外边天色渐暗，妈妈大概又不回家了。妈妈总是在外面，和一个又一个陌生的叔叔跳舞。她自言自语道："嗨，爸爸。今天又只有我们两个人。小玉米给你做土豆泥了。"一边的椅子上放着爸爸的一件破旧的球衣，在小玉米看来那就是爸爸，会陪她聊天。

雨下得很大，水也越积越高。小玉米想起了梦中的场景，便立马跑到外面，捶着胸口站在及膝的积水里朝天大喊：我不怕你！远处有个人朝这边跑来。昏暗的天色里，暴雨、狂风，那个人的叫声隐约传送到小玉米耳朵里。小玉米既紧张又兴奋。多像梦中那样啊！爸爸会出现吗？她只顾着自己想，并没有在意那人在喊些什么。豆大雨点砸在身上，她无法睁开眼睛，无法看清那是谁。当那人慢慢靠近她时，她才意识到那个人不是爸爸。妈妈将她一把扔进房子里，她如梦初醒般长长地叹了口气。

"你疯了？！谁让你跑出去的？！"妈妈愤怒地朝她大吼。小玉米跳起来，用力地大喊："我不怕你！爸爸会来找我的！"妈妈用那柔软温暖的手掌，将她拥入怀中，用温柔甜美的语气告诉小玉米："你，听着。我们都不怕洪水，我们会一直留在这里的，爸爸也会一直陪着我们。好孩子，你看起

来太累了，睡会儿吧。我给你唱首歌。"这是小玉米第一次听到妈妈的歌声，她心满意足地闭上眼睛。她又梦到了爸爸……（张凤纮）

续编二：

洪水退去后，那片被人们称作"浴盆"的土地又回归宁静。作为幸存者之一的小玉米与那些善良的爸爸的朋友们开始着手重建家园。小玉米矗立在小山丘上，望着远方，眼中充满了坚定。

时隔几年，这里大半已恢复原样，亦有些不同。小玉米翻找着衣柜里的衣服，烦恼着，不知穿什么。窗外传来开酒吧的阿姨的声音："嗨，宝贝。你准备好了吗？Come on，晚会马上开始了。""等等，马上就来。"小玉米脸上洋溢着喜悦。

这次晚会有了繁星的点缀，显得更加美妙——美味的食物，露天的篝火，以及终于空闲下来的伙伴们……小玉米心想：今晚一定会很棒！小玉米饿了一天，肚子早已咕咕直叫，她不顾形象地狼吞虎咽起来。"嘘！安静！我们今晚终于又聚在一起了，让我们一起欢呼，一起舞蹈！嗨起来！""耶！"

小玉米在一片吵闹声中，看着他们，会心地笑着。她想，爸爸你看，我做到了！你会为我开心的吧？"是的，我的小玉米。你很棒！爸爸为你感到高兴！"小玉米不敢相信地捏了捏自己的脸，"啊——"是痛的！小玉米马上站起来，朝爸爸的声音传来的方向跑去，一把抱住爸爸。"爸爸，我好想你。我都有按照你说的在做！你看，这里又恢复了呢！""以后靠你自己了！遇到困难还是要勇敢地前行，不管多难！"

"嘿，小玉米！你怎么了？醒醒，快醒醒！""我……我没事……""那我们回去吧！晚会结束了。今晚真是太棒了！"

小玉米站起来，默默地拭去眼角的泪水，快速回家了。

"嘿！我的野牛朋友！你说，刚刚那是真的吗？不早了，晚安。"（费士钊）

4. 我们班的影评

（1）这部电影好像想表达的东西太多了，以至于我第一遍看会感觉很混乱，比如神话与现实生活、工业与自然法则、童年的依赖和成长的担当等等，不知作者到底在侧重哪一个主题。

电影的画面很原始、粗糙，但也许正是这种原始和粗糙才会使得我们很震撼，感觉很逼真，充满了童真与诗意。

当教会她坚强独立的父亲开始渐渐老去的时候，当她不得不去承担起自己该承担的责任时，她心中的野兽也越发逼近自己，她用坚定不移的眼神看着它，跟它说："You're my friend, kind of. I gotta take care of mine."（你们算是我的朋友，但我必须保护其他的朋友。）然后去迎头直面未知的未来。（黄瞻瞻爸爸）

（2）守护，都是因为爱。在小小的南方孤岛上，传授给小玉米原始的野蛮和勇气用以生存的是父亲；在这蛮荒原始落后的地方最显眼的是人与人之间的和谐，以及那可敬可佩的深沉父爱。

这是一个不一样的地方，有一群不一样的人，有一对不一样的父女。

不肯离去，守护，都是因为爱。正如艾青说的："为什么我的眼里常含泪水？因为我对这片土地爱得深沉！"（付超芳爸爸）

（3）父亲，你去哪儿了？——谢谢给我的打击。这部电影在讲一个关于成长的故事？一个关于爱的故事？还是一个关于现代文明与南蛮世界冲突激化的故事？我觉得看到的是爱。看到了岛民们对自己家园的爱、小玉米对周围的动物们的爱、父亲对女儿的爱、女儿对父亲的爱、岛民们对小玉米的爱、厨娘对小玉米的爱……

《南国野兽》中的父亲，却是一个看上去冷血的父亲。他对女儿永远是一副冷冰冰的面孔。在暴风雨来临之前，父亲和女儿一直是各自居住在不同的房子里，唯有吃饭的时候，女孩才能看到父亲，但却不能坐在一起吃。父亲似乎一直在试图与女儿划清界限。父亲很少流露出温情，除了影片最后父亲眼角的一行泪水。父亲始终用一种非常态的方式教育女儿，激发她的勇

气，教会她生存的法则。不管爸爸去了哪儿，有了这样的父爱，小玉米不再孤单。（陈图妈妈）

🎥 电影感悟与建议

（1）最好让学生看完电影后有什么疑问就提出来，当场进行口头讨论，这时大家讨论会更激烈。而落实到笔头，可待第二天学生稍微冷静下来时。

（2）为何会出现野兽那么多次，很多学生不理解，事先老师最好往这方面多想想，在与学生聊电影时可以专门拎出来讨论。

（3）放映时间有点长，务必找个合适的时间，一次看完。

（浙江省金华市浦江三中　黄宝先）

关于那些一飞冲天的梦想

(《驯龙高手》)

🎥 电影的教育价值

　　这是一个有关成长的故事：一个群体中最弱的男孩子探索自我并接受自我，从而发现自我的潜能，成长为优秀的维京勇士。与别的影片不同的是，《驯龙高手》从以往单一地介绍一个主角的成长升级到主角的父亲、朋友等一个团体的成长，甚至过渡到一个种群的成长。电影教育孩子们要相信自己。

🎥 观影准备

1. 我们班的电影海报

2. 带着问题看电影

（1）这是一部有关什么故事的电影？

（2）小主人公有什么特点？他和别的维京人有什么不一样？

（3）你觉得这部电影是一部童话电影还是一部神话电影？如何区别童话故事和神话故事？

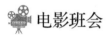 电影班会

1. 老师和你聊电影

师：电影中的维京人为什么要屠龙？

生：因为龙抢他们的食物，威胁了他们的生存。

师：大家说得好，所以他们把屠龙者视为英雄。但是小嗝嗝有这个能力吗？

生：小嗝嗝是维京族群中最没力量的男孩，所以小嗝嗝一直想杀死一条龙证明自己的能力。但是在体形庞大的维京人眼里，小嗝嗝就是一根废柴，处处需要别人保护，当别人在战斗时，他只能被关在屋子里打铁。

师：小嗝嗝是怎样让事情反转，改变了大家对他的看法的？

生：小嗝嗝射中了一条龙，竟然救了它并给它取名无牙。在和无牙相处的日子里，小嗝嗝熟悉了龙族的习性，明白维京人一直误解了龙这个种群，其实人类和龙族是可以建立友谊和联系的。小嗝嗝利用了解到的龙的习性，在驯龙课程中一次又一次地驯服原本需要武力对抗的龙，成了全村人追捧的对象。

师：大家说得好，小嗝嗝为什么要救无牙？

生：小嗝嗝后来回忆这件事时说，"我看见它，就像看到了自己""因为它看起来和我一样受到了惊吓"。他们两个在很多方面是有相同之处的。

师：你们喜欢小嗝嗝吗？为什么喜欢他？

生：因为他也像我们，有失意和失败的时候，但一样可以成为英雄。

师：电影中的父亲有没有改变？体现在什么地方？

生：电影最后，小嗝嗝战胜巨龙的时候，父亲说："我为……所有事道

歉。"这是一向强悍的父亲对小嗝嗝说的一句话。

师：是啊，父亲说这句话反映的是父亲对儿子的认同，也是与儿子的和解。电影中的父子沟通这一幕相当传神。沟通最难的是观念的分歧。牛角帽代表了父辈的期望，更代表了父亲的价值观，大多数孩子都会表面应承，尽力而为，尽管可能与自己的观念相悖。亲子关系的改变是双方的责任，父亲需要理解孩子，在沟通中读懂孩子。

2. 我们班的作品

3. 我们班的活动——故事续编

续编一：

怒火火，你怎么回事？炉火都灭了！于是，怒火火就朝火炉喷了一口火，火炉"呼"的一声，火光四溅。（葛潇一）

续编二：

小嗝嗝惊呆了，只见成千上万只龙在空中飞来飞去，这些龙形态各异，五颜六色，好看极了！（左雯霏）

续编三：

博克岛上的居民高兴地又跳又叫，庆祝小嗝嗝当上了博克岛的首领。现在博克岛上的居民不仅有维京人，还有龙族，他们努力工作，储备了丰厚的资源，非常强大，能够抵御外来的各种困难和危机。（陈欣怡）

4.我们班的影评

（1）电影中英雄小嗝嗝听到召唤，与无牙组合获得了超人的力量，成了一个驯龙高手。英雄以他的力量拯救了维京族，拯救了龙族。（薛楠）

（2）要想握住别人的手，总要自己先伸出手。小嗝嗝一次又一次地向无牙伸出手，向对方敞开了自己的心扉。他在无牙身上了解了很多龙的秘密，并在驯龙课程中得到同伴们的刮目相看。（薛亚茹）

教学感悟与建议

（1）作为农村的小学，条件特别的艰苦，能把电影组织看完已经不错了，让孩子画一画、写一写真难为孩子们了。他们的作品可能还很稚嫩，但他们已在电影课程中有了转变，敢于展示自我了，为他们点赞。

（2）三年级的孩子已经有了比较强的表达能力和丰富的想象力，通过故事续编他们创作了属于自己的故事。

（商丘师范学院　孔童谣）

成功来自疯狂的梦想

(《疯狂动物城》)

电影的教育价值

电影涉及小人物的大梦想，梦想之大，需要拼尽生命的全部力气去努力。电影还涉及疯狂人性——人性中的偏见是如何控制人的思想的。所以，电影具有多方面的意义和价值。这部电影体现了梦想的力量，通过电影激发学生勇于设计梦想，更要勇于激发自身的力量，为梦想的实现而努力。

观影准备

1. 我们班的电影海报

2. 带着问题看电影

（1）9岁的兔子朱迪的梦想是什么？

（2）当警察时，朱迪都经历了什么？

（3）狮子市长为什么要囚禁这些发狂的动物呢？

（4）让狮子市长下台，谁是最大受益者？

（5）尼克为什么彻底失去了对朱迪的信任？

（6）为什么动物会发狂？第一个提出这个问题的是谁？

（7）朱迪在影片中，展示了她哪些天赋？

（8）你们认为朱迪是一个什么样的人？

（9）什么促使狐狸尼克发生了转变？你认为尼克是一个什么样的人？

（10）助理羊副市长被抓后，狮子自己给自己辩护：我囚禁这些动物有错吗？请问狮子市长错在哪里？

（11）你如何理解朱迪疯狂的梦想？

（12）电影中有哪些偏见？你怎么看待偏见？

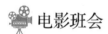 电影班会

1. 老师和你聊电影

星期五的下午，我们看了电影《疯狂动物城》。这部电影，我很担心教室里的孩子们看不懂。主要是因为人物的语言是英语，还因为这是一群偏远农村的孩子，我主观上认为他们可能看不懂。但是令我没有想到的是，100多分钟的电影，孩子们居然安安静静地看完了，而且在讨论梳理的时候，孩子们对情节大致都能讲明白。

（1）你一言我一语回顾电影情节。

讨论电影内容，首先要熟悉电影的情节。我引导道："兔窝镇的朱迪从小就有一个梦想……"我话还没有说完，管明毅就接着我的话说"成为一名警察"。我想让孩子们把朱迪的梦想表达完整，便强调说："用朱迪自己总爱说的那句话是？"管旭补充道："让世界变得更美好。""后来呢？"我追问。

王嘉豪说："兔子朱迪在警官学院训练，她刚开始训练的时候总是失败，最后她训练成功了，当了一名警察。""是的！朱迪到动物城当了警察，接下来又发生了什么？"管多多表达得最清楚："牛局长不让他调查 14 只失踪的食肉动物，让她在街上开罚单。"管多多似乎还有话说，但王哲抢着说："朱迪在开罚单的时候认识了狐狸尼克，狐狸骗了朱迪。"管多多接着说："朱迪和尼克一起找艾米特，在雨林里面被司机豹子追赶。""电影接下来讲了什么？"我迫不及待地追问。王嘉豪接着说："朱迪和尼克发现了狮子市长的阴谋，找到了所有失踪的动物。"管明毅咧着嘴说："狮子市长被抓起来坐牢了。""这个时候动物城还是像以前那样吗？""不是了！"大家伙异口同声地说。王哲说得尤为详细："动物城变得混乱了，食肉动物有好多都被抓起来，嘴上套了笼子。""这个时候的朱迪呢？"管旭补充说："朱迪交出了警徽，她不当警察了，回到兔窝镇卖胡萝卜。""在兔窝镇朱迪发现了什么？"董文豪激动地说："她发现午夜嚎叫不是狼而是一种植物。""接下来呢？"管多多一口气把后面的情节全部讲完了："朱迪开着车又回到了动物城，她跟尼克道了歉，然后和尼克一起找到了公羊道格。他俩又演戏骗了羊副市长，最后把她抓了起来。动物城又变回从前热闹的样子。"

由于影片的时间太长，孩子们能够安静地坚持看下来就很不错了。在回顾电影情节的时候，每个同学所记忆的内容是不一样的，在相互的启发中才能理清电影的情节。

（2）认识电影中的朱迪和尼克。

师：你觉得朱迪是一个什么样的人？

生：朱迪是一只小兔子，她非常的勇敢。电影刚开始的时候，她帮助了三只小羊，从狐狸手里抢回了小羊的门票。在雨林里面的时候，朱迪也非常勇敢，那只豹子追她的时候都没有抓到她。

生：朱迪是一只有梦想的兔子，她想成为一名警察，而且她还梦想成真了。朱迪从小就想当一名警察，让世界变得更美好。她在警官学校刻苦地锻炼，最后就成了一名警察。

师：是的！我也好喜欢朱迪，因为她勇敢，因为她有梦想。那只狐狸尼克有梦想吗？他是干什么的？

生：尼克是卖抓抓冰的，他是一个骗子。他骗了朱迪，也骗了收木材的，说有红颜色的木材是红木。

师：确实！尼克骗了不少人，他还骗了大先生。可是尼克有梦想吗？他小时的那个梦想是？

生：尼克小时候的梦想是成为一名童子军。可是在训练的时候，因为他是一只狐狸，教练就在他嘴上套了一个笼子。而且其他动物还嘲笑他、欺负他，最后他就不当童子军了。

生：尼克最后当上了警察，他和朱迪成了好朋友，一起破案。

师：是的，就是这样。尼克小时候想成为童子军，可惜没有实现。后来朱迪邀请他作为搭档，一起执行任务。

师：尼克小时候想成为童子军，可是他又伤心地离开了，因为教练用笼子套住了他的嘴！朱迪刚到警察局的时候，牛局长和警察局的人看得起她吗？从这里你发现了什么？

这一问，除了学生异口同声地说"看不起"外，剩下的就是沉默了。

师：看来这一问把大家难倒了！不过，这一问确实太难了，因为大家还太小，等你们再长大些就会明白的。

（3）为什么电影的名字叫《疯狂动物城》？

师：刚才在看完电影休息的时候，我看到董文豪同学在草稿纸上写了一个问题：为什么电影的名字叫《疯狂动物城》呢？我觉得这个问题提得特别好，我也在想：是呀，为什么这部电影的名字叫《疯狂动物城》呢？谁来帮帮我们解决一下这个问题？

生：我觉得朱迪和尼克追查动物失踪案的时候很疯狂。

生：我觉得树懒闪电最后开车的时候很疯狂。

生：我觉得夏奇羊跳舞的时候、其他动物一起跳舞的时候很疯狂。

生：我觉得朱迪住在穿山甲高档宾馆的时候，那两只羊很疯狂。

师：是的！无论是这些动物的行为还是朱迪的梦想，都是疯狂的。当然，电影里还有其他疯狂的地方等待我们去发现。不过我们要牢记朱迪最后说的那段话："我们都有局限性，都会犯错，但是乐观点来说，我们也都很像。我们越是努力了解别人，越会变得出色，但凡事都要去尝试，不管你是什么类型的动物，从巨大的大象到第一只狐狸警官，我恳请你们，努力尝试，让世界变得更美好。审视自己的内心，从改变自己开始，从我做起，从我们做起。"我想，你也会从今天开始改变自己，努力地尝试，让自己变得更美好，让世界变得更美好。

2. 我们班的作品

3. 我们班的活动——故事续编

我们的电影故事结束了，但朱迪和尼克的故事并没有结束，请大家续编新电影故事吧。

续编一——《尼克的警察故事》：

尼克做了警察之后，他给自己树立了一个梦想——做一名最出色的警察。但是他发现事情并不像他看起来那么容易，在办案的过程中，他也受到了同伴的排斥和挤压，也有形形色色的偏见和困难。每一次遇到困难的时候，他就想到兔子朱迪的故事，是朱迪带给了他力量，帮助他一路进行到底。（朱雪莉）

续编二——《朱迪和尼克的未来》：

朱迪和尼克成了工作上的伙伴，他们两个在办案的过程中相互帮助，相互鼓励，从而产生了美好的爱情。后来朱迪嫁给了尼克，他们有了自己的第一个孩子。孩子慢慢长大，他的梦想是做一名动物界的航天员。这是整个动物城从来没有过的梦想，这个梦想真的是太疯狂了。朱迪和尼克如何教育他们的孩子呢？（白瑞祥）

4. 我们班的影评

（1）今天吴老师给我们放了《疯狂动物城》这部电影，电影非常棒。因为电影里的小兔子朱迪和狐狸尼克特别的勇敢。动物城里的狮子市长和羊副市长他们都是坏的，还说自己要保卫动物城。狮子市长雇了森林狼把14只失踪的动物藏了起来，羊副市长用"午夜嚎叫"伤害动物城里的动物，他们真是太坏了。不过还好有朱迪和尼克，他们保卫了动物城。（王嘉豪）

（2）《疯狂动物城》这部电影，有好几个地方非常吓人。在朱迪和尼克寻找水獭艾米特的时候，他们在雨林里找大先生的司机问话，那只豹子突然变得凶猛起来，在雨林里追赶他们俩，特别的吓人。还有在森林狼看守的医院里，朱迪和尼克发现了14只被藏起来的动物，当朱迪走进那间屋子的时候，一只老虎突然张大嘴巴，差点儿咬到朱迪的头（有玻璃隔着），这一幕吓了我一跳。在博物馆里，羊副市长打了尼克一枪，尼克就立刻变得凶猛起来，还去咬朱迪的脖子（假装的），这里也非常的吓人。这就是我觉得电影中特别吓人的地方。你在看的时候可要注意了，别到时候被吓了一跳。我就被吓到了。（董文豪）

（3）看了《疯狂动物城》，朱迪对梦想永不放弃的精神感动了我。小时候朱迪就有一个梦想："当警察，让世界变得更美好。"她在警官学校，刚开始的时候训练得很不好，教练一次又一次地说她"死了！死了！死了……"，可是，朱迪没有放弃，她坚持了下来，最后成了一名合格的警察。在动物城里，朱迪也不放弃对失踪动物的搜查。在她和尼克的努力下，终于找到了失踪的动物，把坏人狮子市长给抓了起来。可是这个时候，动物城并没有变得美好而是更加混乱了。朱迪伤心地离开了动物城。在兔窝镇，她知道了"午夜嚎叫"不是狼叫而是一种花的时候，她向尼克道歉回到了动物城。最后把最最最坏的羊副市长抓了起来，动物城变得美好了。（李鑫钰）

教学感悟和建议

（1）优秀电影带给我们的冲击是巨大的，特别是组班之初，一个新班不仅需要规则的约束，更需要梦想的引领，梦有多大，舞台就有多大。老师管理班级重要的不是投入了多少，而是带给班级的梦想有多大，孩子们会因为我们这样的课程和班级而骄傲。

（2）在电影课程之后，对班级提炼的精神密码需要不断地强化，从而变为班级血肉的一部分，班级精神的一部分。

（安徽省阜阳市颖东区杨楼孜镇王台小学　吴培）

4 有同理心的四年级

四年级这一学年我们提供给孩子们丰富的成长故事，通过电影促使他们在心态上学会接纳、宽容，在行动上学会合作与探索，在人际关系上通过同伴间、亲人间的教育获得成长的力量，从而给生命的发展打上丰富的底色。

　　我们精选了多部电影，让孩子们在电影故事中模拟自身的处境，在角色自居中完成自我认识和超越。

生活教会了我们奔跑

(《天堂的孩子》)

📽 电影的教育价值

电影教会孩子正确认识苦难和挫折，这都是成长的营养。

孩子们懂得了人可以贫穷，可以忍受痛苦，但是却不能向这种状况屈服。人可以在艰苦和困难的环境下，通过自身的努力来守护人性的价值。

📽 观影准备

1. 我们班的电影海报

2. 带着问题看电影

（1）为什么画面中多次出现兄妹俩奔跑换鞋的镜头？你从中感受到什么？

（2）阿里为什么不向惩罚他的政教主任说明迟到的原因？

（3）如果你是莎拉，在无意中看到自己的鞋子穿在另一个女孩的脚上，你会怎么做？

（4）你喜欢文中的父亲吗？你觉得这是一位怎样的父亲？

（5）影片中多次出现兄妹的大眼睛，你从中读出了什么？

（6）本影片还有一个名字《小鞋子》，你觉得哪个名字更合适？为什么？

电影班会

1. 老师和你聊电影

师：电影中最让你感动的是什么？

生：家境贫寒的男孩阿里帮妹妹莎拉取修补好的鞋子时，不慎将鞋子弄丢，为了不被父母责罚，他央求莎拉暂时保密，说两人可以替换着穿他的鞋子上学。兄妹两人同穿一双鞋，看到这里好感动。

师：是啊，电影中有苦难，但更有兄妹之间的理解和支持，以及小小年纪的坚韧，这些都让人感动。但是他们的愿望实现了吗？

生：没有。阿里看到全市长跑比赛季军的奖品是一双运动鞋时，决定参加比赛，但是他错过了报名日期。几经哀求，老师破例让实力出众的阿里参加了比赛。比赛场上，阿里不断提醒自己，一定要得第三名，为妹妹挣得一双运动鞋！结果得了第一名，得到了并非他心仪的产品。

师：你喜欢电影里的哪个人物？

生：我喜欢哥哥。哥哥阿里是个总有些忧郁神情的孩子，漆黑的眸子里除了天真灵动以外，好像还有一些小小的心思隐逸其间。他为了不给父母增加负担，自己忍辱负重，令人怜惜又催人向上！

生：妹妹是个可爱懂事的小女孩，有一双美丽的大眼睛，快乐的时候会有极为纯真可爱的笑容。她宽容善良，知足常乐！

师：大家怎么认识电影中的困难和挫折？

生：困难和挫折对人打击很大。

生：但困难和打击让人学会成长。

生：困难和挫折当时让人痛苦，但也是人生的财富。

师：大家说得好。我们在现实生活中都过得太幸福了，有些孩子的困境是我们难以想象的。我们平常说：宝剑锋从磨砺出，梅花香自苦寒来。人生既有幸福的时刻，同样也会经历挫折，苦难和挫折是人生最好的营养。

我希望通过这部电影，大家变得更为理解人，更会同情人，变成一个更好的人。

2. 电影续编

续编一：

阿里将脚泡在池塘里，红红的鱼儿在他脚边游来游去，他陷入了深思："唉，真可惜，好好的球鞋不要，我为何要三日游呢，真是错失了良机啊！"他多么希望上苍再给予他一次机会，如果可以，他一定会珍惜的。

机会来了——学校准备举行一次口算大赛，第一名就是一双球鞋！阿里得知后，兴奋地对妹妹说："妹妹，妹妹，又有获得球鞋的机会了！""真的？那太好了，你一定要夺得球鞋！"妹妹满脸笑容地说。

大赛开始了，阿里右手握住笔，左手拿着试卷，眼睛盯着密密麻麻的口算题。他旁边有些同学眼睛都拉直了——题太多了！但阿里似乎没有丝毫恐惧，他眼中透出的是无比坚定的信念，要把球鞋从众人手中赢过来的信念。

浏览了一遍题后，他便开始奋笔疾书了，虽然写得快，却非常正确，宛如阿里早已知道了这些题的答案一样。

他答完了，但他没有玩笔，没有发呆，没有东张西望，没有……他连头都没有抬一下，严肃而认真地检查着每一道题。最终，他信心十足地将试卷交给了老师。

成绩出来了，尽管阿里交试卷时信心十足，但公布排名时，他还是有点惴惴不安，生怕不能为妹妹赢得球鞋……"各位同学听好了，本次口算大赛第一名是——阿里！"阿里兴奋得又蹦又跳的，全然不顾老师念的第二名与第三名是谁……（贺奕豪）

续编二：

不一会儿，爸爸推着自行车回来了。阿里一眼就看到了自行车上的鞋子。他激动地喊着："莎拉，快下来，快下来看看，我们有新鞋子了！"

莎拉听了连忙兴奋地跑出房间，拿起鞋子，捧在手里高兴地抚摸着。她把鞋子穿在脚上，左看看，右看看，眉毛、眼睛里都闪着喜悦。阿里和爸爸看到莎拉高兴的样子，也开心地笑了。

第二天，阿里上学没有迟到，莎拉到学校也不再躲起来，而是和同学们一起开心地做游戏。亚宝也称赞莎拉的鞋子漂亮。阿里的学习成绩越来越好，连一直批评阿里的政教主任看到他，也不由得为他竖起大拇指。莎拉也不用再急着赶回家而在考试中取得了好成绩。

他们两个渐渐地长大了，也越来越懂事了。知道自己家境贫穷，爸爸妈妈干活都很辛苦，放学回到家一个帮妈妈做饭，一个帮助爸爸分担工作上的事情。

这一家人，虽然不是很富有，但是他们靠着自己的努力去创造，去发展。他们的生活非常非常的幸福。（贺冰淇）

续编三：

莎拉伤心地回到屋里，她很难过，哥哥违背了那天的约定，没有赢来鞋子。

爸爸回来了，阿里赶快穿上鞋子，因为他不想让家里人担心。爸爸进到庭院，欢快地说："孩子们，快出来，看爸爸给你们带了什么好东西！"莎拉飞快地跑到爸爸跟前，惊喜地叫道："哇！这双鞋子好漂亮！爸爸谢谢你。"莎拉一直沉浸在拥有新鞋子的欢乐中。

阿里却不怎么开心。阿里告诉爸爸："妹妹的鞋子被我弄丢了，终于找到了一个机会可以补偿妹妹——在长跑比赛中获得第三名。可自己却不知道怎么的就获得了第一名。"话音刚落，爸爸就哈哈大笑起来："傻儿子，虽然没有给妹妹赢得鞋子，但是你获得了第一名，这是无比光荣的一件事呀！你可是为咱们家争光了！"

听了爸爸的话，阿里解开了心结。

第二天，阿里穿上了新鞋子，他再也不会迟到了。莎拉在学校里开心地和同学们玩耍，再也不用躲到角落里了。（孟张雨）

3. 我们班的活动：一起学首诗

无论时光走多远，亲情永远是抹不去的温暖。让我们一起诵读《九月九日忆山东兄弟》，感受王维的手足情深。

九月九日忆山东兄弟

王　维

独在异乡为异客，每逢佳节倍思亲。

遥知兄弟登高处，遍插茱萸少一人。

品鉴：首句用"独"和两个"异"字写对亲人的思念，对孤独处境的感受。"每逢佳节倍思亲"，平淡自然，是至情的流泻。后二句"不说我想他，却说他想我，加一倍凄凉"。曲折有致，深厚新警。

4. 我们班的影评

（1）这部电影是围绕着一对兄妹和一双鞋子展开的。在一个贫苦的家庭里，哥哥阿里每天帮父母做事情，他在买菜时将妹妹的鞋弄丢了，但他害怕受到父母的责罚，也知道父母没有能力再给妹妹买一双新鞋，于是不让妹妹告诉父母。在以后的日子里，兄妹俩在小巷子里奔跑着，轮换穿一双破球鞋上学。在一个偶然的机会中，妹妹莎拉看到了她丢失的鞋子，但在看到那个人的家境后，她放弃了把鞋拿回来的念头。哥哥阿里想通过长跑比赛为妹妹赢得一双球鞋，但最终却没有获得，电影遗憾落幕。（罗金虎）

（2）从阿里下定决心为妹妹赢得比赛的那一刻起，他刻苦地训练。在比赛中，阿里拼尽全力向前奔跑，即使摔倒了，也爬起来努力向前跑，那双运动鞋就是他心中的梦想。想着妹妹，想着鞋子，他更努力地去拼搏。阿里真

是一个有责任心的好哥哥。（黄梦华）

（3）这部电影让我明白了不论是富有还是贫穷，只要一家人在一起过得开心快乐，就是真正的幸福。哥哥阿里和妹妹莎拉都是懂事的好孩子，他们虽然生活在贫困的家庭中，但他们一家相亲相爱地生活在一起就是幸福的。（阎松）

（4）我觉得阿里是一个勇敢、自信、有责任心的男孩子。在电影的最后，我看到阿里脱了鞋子后的脚，是多么的可怜，一个个脚趾肿了起来，被鞋子磨得起了泡，而鞋子也被磨烂了底。从这一场景，可以看出阿里为了给妹妹赢得一双鞋子，付出了多么大的艰辛，可最后却没有如愿以偿地取得第三名，而取得了第一名。看着他失望委屈的眼神，一种无奈涌上心头。阿里很坚强，但为什么看着这个镜头，会让人心酸呢？（陈浩）

教学感悟与建议

（1）这部老电影富有教育意义，魅力无穷。电影中体现出来的那种对一双鞋子的渴望，现在很少有孩子能体验到了，本次观影对孩子们是一次极有意义的教育。

（2）可以让孩子们跟父母、爷爷奶奶一起观看电影，家长可以聊聊他们小时候的故事，从而增进家庭成员之间的感情。

（河南省三门峡市陕州区第五小学　方海娜）

因为信任，所以承担

（《南极大冒险》）

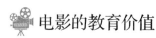电影的教育价值

故事讲了八条雪橇犬在残酷的大自然中集体求生的故事。最终雪橇犬经受住风雪和饥饿的考验，再度与主人重逢。电影教会孩子们的是人与动物之间的信任，人与人之间的合作。因为信任，有了勇气；因为合作，绝处逢生。电影还教会孩子们勇于承担起自己的使命和责任。

观影准备

1. 我们班的电影海报

2. 带着问题看电影

（1）正在受训的是哪条雪橇犬？表现怎样？从麦克斯的变化，你感受到什么？

（2）你喜欢杰瑞吗？为什么？（至少有三条理由哦。）

（3）影片中，你最受感动的是哪个画面？它让你感受到什么？

（4）假如你是这些雪橇犬中的一条，你会怎样与狗狗们协作，度过寒冬？

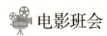 电影班会

1. 老师和你聊电影

师：这部影片主要讲述的是什么？

生：电影讲述了八条雪橇犬在残酷的大自然中努力集体求生的故事。这八条被留在冰天雪地南极的狗儿们不畏冰雪，依然奋勇求生守在原地，这场生存竞赛是在跟时间赛跑，狗儿们克服风雪的考验，再度跟主人重逢。

师：狗狗的主人是谁？八条雪橇犬都是谁？

生：狗狗们的主人是杰瑞，他是南极基地里的一名驯兽师。

生：八条"精明能干"的雪橇犬，它们都各自拥有自己的头衔和称号：领头的"玛雅"、小不点"麦克斯"、忠实的"矮子"、老实的"老杰克"、力气大的"杜鲁门"以及亲密无间的孪生兄弟"杜威"、奔跑速度极快的"影子"、块头最大的"巴克"。

师：电影中的人物你最喜欢谁？为什么？

生：我最喜欢杰瑞，因为他很爱护他的狗狗们，视狗狗为儿女。

生：他作为向导，与戴维斯·麦克莱伦博士一起去寻找陨石，尽职尽责。

生：他遵守承诺，有情有义，四处奔走，想尽各种办法，只为南极雪原等待他的狗狗们，只为大家认为可能已经死去的狗狗们，只为那些曾经朝夕相处的狗狗们。

师：电影哪些地方打动了你？

生：电影最打动我的是杰瑞来到雪原救助狗狗们，当狗狗们跳上雪地车准备离开时，麦克斯却惦记着玛雅，想尽办法让杰瑞找到玛雅，并带走它。狗儿之间的深情和侠义深深地感动了我。

师：这部影片让人感触最深的是什么？

生：以玛雅为首的雪橇犬团队在科考队撤离之后在冰冻的荒原上独立求生接近6个月并最终获救。人狗重逢的那一刻令人兴奋又感动。这个可爱的、忠诚的、顽强的、幸运的雪橇犬团队获救了。它们自强不息与命运抗争的顽强意志和忠于团队的高度自律精神令人肃然起敬。它们是一个好团队，同时，也遇到了一个爱它们的好主人。

师：你最喜欢哪条雪橇犬？

生：我最喜欢玛雅了，它漂亮、干练、冷静、睿智。在归程中风雪肆虐、能见度极低的情况下担负起导航重任，带领团队把博士和杰瑞带回营地。

生：饥饿难忍，带领团队策略出击捕食飞鸟。

生：同伴飞奔追赶极光现象，不幸跌落山下成重伤，它带领团队守候在同伴身边，直到同伴死去。

生：我喜欢麦克斯。虽然它很调皮，在探险路上使坏，致使博士差点丧生冰缝，返程路上躲在雪橇旁边，准备不去拉雪橇，但它也很能干。当它意外发现一头死鲸，孤身犯险引开海豹，让同伴充饥，海豹没有上当反而咬伤玛雅，它一改怂包气质，奋勇缠斗海豹救下玛雅；捕食飞鸟，与受伤的玛雅共同享用；获救后带领杰瑞去营救玛雅。

师：大家分析得都很好。今天的电影研讨，我们懂得了很多，懂得了爱护动物，懂得了承担责任，懂得了组成一个伟大的团队所应具备的素质，相信大家在以后的日子里一定会把我们的班级建设得更好，一定会把让自己成为一个更好的人。

师：假若你到南极去探险，你是否也拥有一条狗狗，或者希望拥有一条可爱的狗狗呢？画一画你的狗狗吧。

2. 我们班的作品

3. 我们班的影评

（1）在死亡的威胁面前，雪橇犬表现得那样勇敢、团结。它们与大自然搏斗，为的就是等待主人的到来；它们与饥饿抗争，与海豹奋战，一次又一次地与死亡擦肩而过。在如此艰难、困苦的生存条件下，它们没有放弃，因为它们坚信：主人是不会欺骗它们的！正是这个信念支撑着它们，让它们坚持与风雪搏斗。

这部电影教会我怎样珍惜感情，怎样与同伴团结合作。狗比人更懂得珍惜，因为它们有对主人、对同伴真诚的心。（成梦洁）

（2）电影中特别让我感动的有两个场景。第一个是玛雅匍匐前行，营救落入冰河中的博士。它曾觉得危险而犹豫，踌躇不前，然而当主人发出鼓励的信号时，玛雅义无反顾而又小心翼翼地压低身子，成功地将绳子送到博士手中。玛雅，聪明勇敢、冷静坚定！第二个场景是互让食物的场面。在风雪侵袭的南极，食物极度匮乏，玛雅受伤后，大家仍然把捕猎回来的食物交给玛雅，足见狗狗们对它的尊重和信任。同时，麦克斯已经明白团队的重要性。玛雅又将食物交还给麦克斯，它作为领袖的大度机智聪颖又一次体现了出来！（曲龙玺）

（3）有些事情似乎很难改变。比如说，当人类面临危机时，往往会把自己的生命放在第一位来考虑。

《南极大冒险》中，八条雪橇犬忠心耿耿，却在南极科考队遭遇暴风雪紧急撤退时被暂时放弃了。当然，队员们的想法也是对的，救人要紧（杰瑞和博士在雪地考察中受伤了），队员会驾驶直升机回基地接八条雪橇犬——它们在考察中勇敢地救过博士和杰瑞。但是，直升机不能再飞回基地！当人类决定是否去做一件事情时，会权衡利弊，而不是意气用事，不顾一切。现在，因为罕见的恶劣天气，南极科考队总部取消了一切任务，拒绝出动直升机冒险营救八条雪橇犬。理由很简单：救人还来不及呢！与雪橇犬朝夕相处的杰瑞很难接受这个事实，他四处奔波，试图说服上级去救雪橇犬，但毫无结果！他只能让自己在无休止的工作中不再想起此事！但似乎行不通！他决定返回南极，不管有多么艰难！（张欣楠）

（4）这是一部不错的电影，我跟孩子都喜欢看，也时刻为雪橇犬的命运而揪心。看到雪橇犬最终得救，我和孩子高兴地拥抱在一起。更让我感动的是麦克斯，在其他狗狗上了雪地车后，它依然不放弃玛雅，用它自己的方式帮助玛雅。

这是一次及时的爱的教育，希望孩子能将电影中学到的用到生活中去，用爱和包容对待身边的每一个人。（张欣楠妈妈）

教学改进与提醒

（1）观影前的问题，要结合主题来设计，问题不能太过复杂。

（2）把握好观影时间，可以尝试精彩情节再次观看；影片过长，可以观看到紧张的情节，暂停，讨论交流思考，再接着观看。

（3）可以在观影前通过交流激发观影兴趣，或者抛出问题，带着问题观看，边看边思考。

（4）观影后，及时召开观影班会，交流观影感受和收获。可将观影与写作相结合，将看到的与生活实际相结合，与思考相结合，写续集或者观后感，进行沉淀与反思，以提高学生的读写能力。

（河南省三门峡市陕州区第五小学　方海娜）

每个人心中都有一只风筝

(《追风筝的人》)

⊞ 电影的教育价值

这是一部关于人性弱点及自我救赎的电影，感人肺腑，真的非常深刻。它涉及许多层面：宗教冲突、国族战乱、美国移民、人性挣扎、父子和解、罪愆救赎与人权奔走。每个观影者都能从电影中读到感动自己的东西。

电影教育孩子们，每个孩子在童年都会犯下错误，重要的是学会面对错误，认真改正错误，不推卸，不逃避，永远追求真善美。

⊞ 观影准备

1. 我们班的电影海报

2. 带着问题看电影

（1）故事源自富家少年阿米尔童年犯下的一桩罪。他犯了什么罪？他是如何处理的？阿米尔救回索拉博，郑重承认了索拉博的身份，说明了什么？

（2）阿米尔的父亲年轻时也犯罪了吗？他是如何处理的？

（3）谁是追风筝的人？他们各自的追求是什么？

（4）电影中的几个人物，你喜欢哪一个？为什么？

（5）谁都难免犯错，如果你犯了错，你会怎么做？

电影班会

1. 老师和你聊电影

师：阿米尔的第一个错误是什么？

生：哈桑受欺负时，阿米尔应该去帮他，但是没有。

师：什么原因？

生：阿米尔胆小、懦弱。

生：还有妒忌。父亲嫌阿米尔懦弱，却对仆人的儿子赞赏有加。阿米尔对哈桑有些嫉妒。

师：阿米尔为什么诬陷哈桑，赶走哈桑父子？

生：无法面对善良忠诚的哈桑，每次相见都在提醒他见死不救的耻辱。

生：阿米尔受不了这种耻辱的感觉。他要逃避。

生：哈桑的勇敢忠诚，每天都在提醒阿米尔的无情无义。阿米尔无法面对这样的自己，又没办法对别人说。

师：阿米尔逃避了很多年。可是，拉辛汗的一个电话，打破了所有的平静。阿米尔一开始就愿意回到喀布尔去救哈桑的儿子吗？

生：不是的，他不愿意打扰到现在的生活。

师：什么原因使他再也不能逃避？

生：哈桑和他是同父异母的兄弟。

生：哈桑写给他的信。

生：哈桑为了看管他家的房子被枪杀。

生：他明白他始终无法摆脱对哈桑的愧疚，他知道现在就是他为哈桑做些什么，来赎罪的时候。

师：救回索拉博，阿米尔确认了索拉博的身份，说明了什么？

生：救回索拉博并承认索拉博的身份，说明阿米尔不再逃避了。他的内心重归坦荡、真诚、平静。

生：阿米尔重拾信念和勇气，成功地完成了自我救赎。

师：当阿米尔接到拉辛汗的电话，他还是决定冒着危险去战火中的阿富汗，寻找哈桑的儿子索拉博。因为他在心里对自己说，回去吧，那里有一条重新做回好人的路。当塔利班分子阿瑟夫把铁拳挥向他，他听见自己的肋骨根根断裂的声音，他感受到嘴唇裂成两半、脾脏破裂的痛楚，阿米尔不断地放声大笑——身上的痛越重，心里的愧越轻。

他终于活着把索拉博带到了美国。面对受战争重创的索拉博一年没有开口说话的现实，他试着通过斗风筝游戏打开孩子的心门，就为了孩子嘴角的那一抹微笑。阿米尔也是个追风筝的人，不管多少年，只有追寻到他心目中美好的自己，他才能成为一个健全的人，一个快乐的人。

师：你觉得哈桑是个怎样的人？虽是同父异母的兄弟，哈桑和阿米尔为什么会有这么大的差异？阿米尔的父亲又是个怎样的人？他也有过错误，他是怎么对待的？

生：哈桑是阿米尔的仆人。

生：哈桑是阿米尔的好伙伴。

生：哈桑也是阿米尔的亲兄弟。

师：哈桑是一个卑贱的哈扎拉人。然而他忠诚善良，有尊严，有信仰。在生存环境如此恶劣的时代，他仍然保持着自己的纯洁信仰，善良真诚忠实，是很不容易的。并且，哈桑还强烈地感染了自己的儿子。索拉博也是一个忠实有信仰的孩子。这对父子在童年时期虽然遭受虐待，仍然保存了美好的内心世界。他们确信"神的光芒会照耀善良的生命"。

师：电影中谁是追风筝的人？

生：是少年哈桑。

生：成年的阿米尔也是追风筝的人。

师：在这部电影里，哈桑是个追风筝的人，他用行动和生命追逐着心目中的风筝，那是正直，是忠诚，是善良。哈桑告诉我们，坚守美好的品德，无关财富，无关地位，也无关文化程度。生活可以苦难，灵魂绝不卑微。

阿米尔的父亲也是一位追风筝的人。他是一位受人尊敬的商人。他慈善、正直又充满理性。他不仅把自己的事业做大做强，同时不忘造福他人、有益社会。他为喀布尔修建了设施完善的孤儿院，这个孤儿院一直沿用到战时。

在面对企图欺负女同胞的俄国大兵时，为了这个素不相识的人，他不惧死亡，直面对方的枪口。他说："我就算中了一千颗子弹，也不会让这种龌龊下流的事发生。"所以，阿米尔的爸爸也是一个追风筝的人，面对不可挽回的错误，他没有逃避，用种种善行去弥补去自我救赎，在他生命的最后，他追到了那只风筝，追到了内心的无愧和安宁。

阿米尔最后学会追求善，追求救赎，他也是一位追风筝的人。所以，电影中追风筝是一个隐喻和象征，象征追求勇敢、善良、美好的人性。

2. 我们班的作品

3. 我们班的班级活动——演一演

电影片段：

拉辛汗：亲爱的阿米尔，当罪行导致善行，那就是真正的获救。

阿米尔的爸爸：罪只有一种，那就是盗窃，其他的罪都是盗窃的变种。当你杀死一个人时，你就偷了一条命，你偷走他妻子身为人妇的权利，夺走他子女的父亲；当你说谎的时候，你偷了别人知道真相的权利。没有比盗窃更十恶不赦的罪了，明白了吗？

4. 我们班的影评

（1）追风筝的人，貌似是追我们平时放的风筝，可实际上却是追自己心中的那个"风筝"。阿米尔，是电影中的一位少爷。他有一个同龄的仆人哈桑。阿米尔从不把哈桑当朋友看，只是父亲朋友的孩子没有来，就找各种理由和哈桑玩。可是，哈桑却待阿米尔如同兄弟，哪怕忠诚与信任只换来了诬陷与驱逐。

阿米尔追逐"用一生弥补过错"的风筝；哈桑追逐"用一生忠诚对待一个人（一件事）"的风筝……

本片中，阿米尔是有很大转变的。一开始他很小，胆小，懦弱，但在经历了一些事后，他变得勇敢了。这个故事告诉人们，如果一个人犯过大错，就会良心不安，总还是要回过头来弥补。（杨欣雨）

（2）阿米尔的父亲说过，这孩子身上缺少了某种东西，少了什么？爱？勇气？不，在我看来，阿米尔真正缺少的东西，是信仰。

哈桑的信仰是阿米尔，每个人都应有自己的信仰，信仰可以成为支持人一生前进的动力。可阿米尔的信仰是什么？他崇拜他的父亲，那也只是崇拜，而不是将他父亲作为信仰。

阿米尔背叛了哈桑，他错过了一个一辈子爱他的人。如果他早一点顿悟，那以后的赎罪就不会有。

一番曲折，阿米尔成功救回了哈桑的儿子。

当愧疚达到一定程度，可以使人失去自我，崩溃掉。但是阿米尔没有。

凭着那份愧疚，凭着那颗想要赎罪的心，他没有崩溃掉，也没有失去自我。同时，他也拥有了他一直没有的，信仰与骨气！（魏元芳）

教学感悟与建议

（1）实际上，学校环境下，很难抽出时间看一场完整的电影。但是学生集体观看电影是效果最好的。所以，尽可能抽出时间老师和学生共看同一部电影，体会电影中度过的美好时光。

（2）有些电影背景复杂，比如《追风筝的人》，介绍背景就用了很多时间，学生还搞不明白。需要老师在电影课中，或者电影课前给学生补充相关的背景资料，让学生了解阿富汗的历史和现状，宗教和人文。这样的电影课持续进行下来，就给学生补充了丰富的知识背景。

（3）电影看完之后，学生们会更珍惜我们国家安定团结的政治局面，会更加珍惜我们的和平环境和国家高速发展给我们每一个公民带来的利益。所以电影之后要教导大家树立正确的人生观和价值观，更加热爱我们伟大的祖国。

（山东省滨州市滨城区实验小学　郭栋）

成为荣耀石上的国王

(《狮子王》)

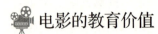 电影的教育价值

电影中的磨难是双重的，刀疤是外在的磨难，辛巴未找到自我、未明确责任是内在的磨难。生命的成长总要经过一些磨难才能完成。

电影教育孩子不要逃避责任，责任虽然使你备感压力，但你真正面对和承担的时候，就是真正的成长。遇到困难不要逃避，勇敢面对才能成为精神世界的国王。

观影准备

1. 我们班的电影海报

2. 带着问题看电影

（1）刀疤和木法沙有什么不同？谁更适合当国王？

（2）为什么该电影取名叫《狮子王》呢？

（3）父亲的死是辛巴造成的吗？

（4）是什么力量让辛巴不再逃避责任，勇于面对现实？

（5）辛巴能成为一个好国王吗？

（6）这部电影想要表达什么？

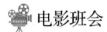 电影班会

1. 老师和你聊电影

师：大家看完《狮子王》以后，觉得辛巴是一头怎样的狮子？

生：我觉得辛巴是头有担当、有情义的狮子。

生：我觉得辛巴在父亲死后有些自暴自弃、心灰意冷、自信心不足。老狒狒拉飞奇出现后，"当头一棒"唤醒了辛巴，辛巴终于重整旗鼓，树立起狮王应有的威望。

师：勇敢有担当的辛巴，经历了哪些困难呢？

生：首先经历了丧父之痛，而且一直在内心谴责自己，认为父亲的死是自己造成的，它进行自我放逐，看似过着自由自在的日子，实则内心孤独。

生：另一个就是在内心对自己的原谅，放下一直以来背着的思想包袱——父亲的死是由自己造成的，完成心灵上的自我救赎。

师：看了这部电影有什么感想？

生：成长就是要不断遇到挫折。

生：逃避不是办法，最终还是要回来承担自己的责任。

生：辛巴在长大的过程中，每经历一次挫折就是一次成长，这也是狮子的成长之痛。

师：你如何认识辛巴的叔叔刀疤的存在？如果没有刀疤电影是否还这样精彩？

生：辛巴的叔叔刀疤正是一头自私冷血、残酷无情的狮子，为了王位可以亲手把自己的哥哥推下悬崖。

师：刀疤的存在是对辛巴的磨砺和考验。每个人的成长都不可能是一帆

风顺的，困难和挫折是人生重要的试金石，电影不能缺少刀疤的存在，这正如人生不能缺少风雨一样。

师：如何认识丁满和彭彭的存在？

生：丁满和彭彭在辛巴自我放逐的时候给了它很多的温暖，让它孤独的日子有了色彩。丁满和彭彭是辛巴的好伙伴，是它失意时的安慰，在辛巴自我斗争时又给了它鼓励。

师：大家说得好，人生有几个挚友真的是很幸福的事情。什么样的朋友才算是真正的好朋友？

生：能够带来帮助的。

生：好朋友会让你积极乐观，生活状态更好。

生：好朋友不会带你逃课、上网、打架……不会让你的生活变得越来越糟糕。

师：大家说得好，真正的好朋友啊，一定是让你的生活更积极向上，让你的生活状态更阳光，让你变成一个更好的人。否则你所交的朋友就不是真正的好朋友。大家要有明辨是非的能力。

师：老狒狒拉飞奇对辛巴意味着什么？

生：老狒狒拉飞奇是神一样的存在，总是在辛巴徘徊、捉摸不定的时候出现，并能帮助辛巴作出正确而重大的抉择。

师：说得好，拉飞奇正是一位智者。拉飞奇是唤醒者的角色，唤醒辛巴的责任感。

生：但是现实生活中并没有拉飞奇唤醒我们，我们该怎么办？

师：问得好，现实生活中确实没有拉飞奇提醒我们，每一次当自己遇到困难的时候也并不是总有人会帮助我们渡过难关。所以，很多的时候需要我们自己作出决定和抉择，这更需要我们拥有一双慧眼，知道自己是谁，知道自己能做什么，知道自己的责任和使命是什么。

师：我们在成长的过程中什么事情都不可能是一帆风顺的，总会有阴云密布的时候，但要相信风雨过后总会有彩虹出现！

2.我们班的作品

3.我们班的活动：演一演与故事续编

（1）演一演。

电影片段：

木法沙：瞧！辛巴。阳光普照之处皆是我们的国土。

辛巴：啊！

木法沙：一代王朝的兴衰就像这日出和日落。辛巴，总有那么一天，太阳将会随着我的时代的结束而沉落，但会随着你做新国王的开始而升起。

辛巴：所有这一切都是我的吗？

木法沙：是的，一切都是你的。

辛巴：阳光照到的地方都是我的，那背阴的地方呢？

木法沙：那地方在我们的领土之外。辛巴，你切记千万不要到那里去。

辛巴：可是，作为一个国王你可以做你想做的事呀！

木法沙：噢，做一个国王不只意味着什么时候都可以为所欲为，还有更多更重要的事要做。

辛巴：还有更多更重要的事？

木法沙：存在于这个世界上的、你眼睛所见到的万物之间有一种微妙的平衡关系。作为一个国王，你需要明白这种关系，并且尊重世间万物——无论它们是缓缓爬行的蚂蚁还是跳跃的羚羊。

辛巴：可是，爸爸，难道我们不吃羚羊吗？

木法沙：我们吃，辛巴，听我来解释。我们死了以后，尸体就会变成青草，羚羊就会来吃青草。我们就是这样互相连接，共同存在于这个巨大的生命轮回之中的。

……

辛巴：刀疤叔叔，你猜怎么着？

刀疤：我讨厌这么猜来猜去的游戏。

辛巴：我就要成为国王了。

刀疤：噢，不错呀。

辛巴：爸爸刚才领我看了所有的国土，它们很快就是我的了。

刀疤：是吗？……嗯，真是抱歉，我不能为这一喜讯而欢呼了，你要知道，我这……这腰痛的老毛病。

辛巴：刀疤叔叔，我要当了国王，那你就变成什么？

刀疤：一个小毛头的叔叔。

辛巴：哈哈，你可真是让人捉摸不透。

（2）故事续编。

当太阳从水平线上升起时，非洲大草原苏醒了，万兽群集，荣耀欢呼，辛巴在母亲和朋友们的欢呼与祝福声中，正式宣布执掌政权……

续编一：

当太阳从水平线上升起时，非洲大草原苏醒了，万兽群集，荣耀欢呼，辛巴在母亲和朋友们的欢呼与祝福声中，正式宣布执掌政权。同时宣布他执政后的第一个法令就是要把土狼赶出荣耀国，永远不许其踏进荣耀国国土一步，否则，杀无赦！第二个法令就是宣布丁满和彭彭可以永久地居住在荣耀国，并且是荣耀国的荣誉居民。第三个法令是辛巴在内心宣布给自己的，从现在开始不能再为父亲的死责怪自己了，因为已经亲自为父亲报了仇。（贺冉）

续编二：

当太阳从水平线上升起时，非洲大草原苏醒了，万兽群集，荣耀欢呼，辛巴在母亲和朋友们的欢呼与祝福声中，正式宣布执掌政权。从此，辛巴和娜娜过着幸福的生活，每天在荣耀国巡视自己的领土，看看斑马群，瞧瞧大象群，探探鳄鱼群……每天的生活简单而充实，岁月就这样一天天一年年地不停流淌，一直向前。（湛维心）

续编三：

当太阳从水平线上升起时，非洲大草原苏醒了，万兽群集，荣耀欢呼，辛巴在母亲和朋友们的欢呼与祝福声中，正式宣布执掌政权。

刀疤死后，余党吉娜决定向辛巴展开复仇，于是灌溉坏思想给自己的儿子高孚，欲将其培养成刀疤的接班人，准备开始一场权位争夺战，夺取荣耀王国的统治权。不料后来辛巴的女儿琪拉雅居然爱上了高孚，两人必须化解上一代的恩怨，爱情才会有好结果。然而一连串的误会，却使得琪拉雅与高孚逃离荣耀国，而双方的战争已迫在眉睫、一触即发。辛巴必须化解恩怨，才能化解父女关系的考验，并让荣耀王国恢复和平。（王莉莉）

4. 我们班的影评

（1）这部电影讲的是：一头小狮子在继承父亲的王位中，经历了许许多多的艰难。最后在途中结交了许多好朋友，并成为了草原之王。可是小狮子辛巴的爸爸为了保护辛巴，自己却永远地离开了。这部电影告诉我们一个道理：做什么事都要坚持到底，不管遇上什么困难，都不要放弃。还有，每一个做父母的，都无时无刻地在保护我们，我们不要被万事迷惑。不管怎么样，我们都要在父母身边陪着他们，我们长大后也不能离开他们，要保护他们。（李佩杰）

（2）在电影中，我最喜欢的是彭彭和丁满，因为它们总是在辛巴失落和难过时陪着它，这让我想到一直陪伴在我身旁的朋友们，在我失意和受到挫折的时候会不断地鼓励我、陪伴我，他们的真挚友谊，令我印象深刻，他们就像彭彭和丁满一样。

除了友情的部分外，在这部电影中，我还学习到一个人必须担负起自己该负起的责任，不要逃避，也不要躲藏，应坦然面对。而我们很多人常常会迷失自己，只想着没有负担地去玩，而忘记了自己真正要承担的是什么。（魏远贺）

教学感悟与建议

（1）课堂中可适当通过演一演、说一说等方式让孩子释放天真烂漫的个性，感受电影的乐趣。

（2）可拓展开去，进行绘本写绘，写完后可小组交流说说自己写绘的内容，小组推选优秀的同学进行班级展示。教师应积极肯定孩子认真写绘的表现。

（重庆市丰都县社坛镇大堡完全小学　黄静媛、罗琼）

和小酷在一起的美好时光

《河童之夏》

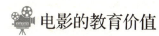电影的教育价值

电影有两个视角，从康一的角度来说电影呈现了小学阶段儿童社会交往发展的主题，从河童小酷的角度来说电影反映了现代社会人类异化的主题——对环境的破坏和对资源的掠夺。电影教育孩子树立一种正确的自然观，要学会与自然、与环境和谐相处。电影还教育孩子们树立正确的友谊观。

观影准备

1.我们班的电影海报

2.带着问题看电影

（1）你认为这部电影的主角是谁？

（2）小酷作为非人类社会成员的代表，它喜欢人类社会吗？它的经历带给我们什么样的反思？

（3）另一个主角康一，有几个好朋友？

（4）电影为何设置武士杀了小河童父亲这一环节？

（5）电影中的神灵意味着什么？带给我们什么样的反思？

电影班会

1.老师和你聊电影

师：电影第一个场景，小酷和爸爸坐在河边，爸爸告诉它"龙虽然很可怕，但龙是好的神，现在的人更可怕"。爸爸曾经叮嘱过它"不要和人类成为朋友"，妈妈也是被人类杀死的。爸爸曾说过："人类从我们那里抢走水和土地，然后是风和天空，最后连神的居所也占为己有。作为交换，人类最终会失去灵魂。我一直以为人类就是怪物一样的生物。"电影中小酷的爸爸为什么这样说？

生：因为人类对自然过度掠夺，小酷它们生存的空间被侵占了。

生：小酷爸爸间接告诉我们，要爱护自然，人与自然要和谐相处。

师：康一是个怎样的孩子？

生：康一是一个很善良、很有爱心的孩子，因为他愿意帮助小酷。也意味着康一代表的是能正确看待人与自然的关系。

师：电影里有武士杀害河童的父亲这一环节，为什么设置这一环节？

生：反映人类对自然资源的疯狂掠夺。

师：大家说得好。我给大家介绍一下，日本的国土本来就比较狭小，土地和水源对人类生存的重要性不言而喻。人类在发展自身的过程中对自然的掠夺，迫使神灵退出，自然和人类对立起来。在电影中小酷越是孤立无援，越是展现了现代人类的丑陋与疯狂。你对电影哪个情节印象深刻？

生：当小河童看见自己爸爸手臂的时候，我感觉人类太残忍了，小河童好可怜啊。

生：我对小狗奋不顾身救小河童印象最深，那只小狗很勇敢。

生：在康一家里，一家人和小酷相扑，太有爱了，我喜欢。

生：小酷被人们追着，无处可逃的场景，太让人伤心了。

师：大家说得好，电影有很多地方深深地打动了我们，打动我们的既有小酷的艰难处境，又有人类与自然的关系，更有康一家所作的理性而温暖的选择，这些都启示我们，要爱护自然，爱护环境，接纳自然界生物的多样性，这样小酷才有安身之地。

师：在康一家恢复力量后，小酷想离开，回到自己应该生活的地方——龙神沼，康一很不舍。我相信大家也会舍不得小酷的离开，但是小酷为什么必须离开？

生：因为小酷属于大自然。

生：在人类世界，小酷生活得并不开心。

生：因为小酷不是人类。

师：大家说得好。小酷说："留在这里，只能过人类一样的生活方式。总有一天我会死去，要去祖先们等待的地方，如果我忘记了河童的生活方式，没有脸去面对大家。"

小酷在最后回到原野，对着它寄住的河流说了这么一句话："这片土地的神灵啊，我和爸爸暂时要住在这里，请宽容我们，我只需要够能生存下去的鱼。"在小酷身上，我们看到对自然、对原初纯真的敬畏。冲绳的山原，是远离东京，远离城市，远离人群的山野之地，这才是河童应该在的地方。大自然才是最适合河童的家园。

2. 我们班的作品

3. 我们班的活动——电影续编

小酷回到乡下后，它抬着头，手抱着双膝，坐在草坪上，晒着和煦的太阳，时不时地下水游游泳。它在水里"哗啦、哗啦"地游了老远。

"砰"的一声，小酷和另一个东西相撞了。"啊！"小酷站了起来，天哪，前面站着的也是一只河童。它们俩相互上下打量着，你看看我，我看看你，绕着圈圈打量着。

"你好，我叫小酷。"小酷先大方地说。

"你好，我叫……哦，其实我也不知道我叫什么。"对方腼腆地回答。

"哦，那就叫你小雅吧！"小酷笑眯眯地说。

夜幕降临，小酷和小雅坐在草地上，看着满天闪亮的星星，静静地发呆。也许，那颗最亮的星星就是康一吧！

想到这里，小酷说起了康一。

"小雅，你知道吗，以前有个人类家庭和我和平相处。他们为了我，牺牲了一只可爱、温和的狗——大叔。同样也是为了我，最后把我送回了这里。现在，我最想念的是大叔和小男孩康一，但愿他们一家现在快乐、幸福，不再想我。"

当然，小酷也知道康一一家不想它是不可能的。

这时，一颗流星飞过，小酷赶紧许下一个心愿。

也许这个心愿是关于康一的，也许这个心愿是关于大叔的，也许这个心愿是关于康一的妹妹的……

这个愿望谁也不知道，这个秘密隐藏在小酷心灵的深处……

此后，小酷和小雅快乐地生活着，但小酷并没有忘记康一和他的爸爸妈妈、妹妹以及大叔。它永远都记得和他们在一起的快乐时光……（孔梓玉）

4. 我们班的影评

（1）故事开篇就是小河童抱着大鱼从路旁跑出来，在一片风雨欲来的黑夜中为父亲向武士求情的场景，这时便已让人感到隐隐心痛。连神灵都来不及蒙住它的双眸，它在一瞬间眼睁睁地看着血花在刀光下四溅。人类总是为

了自己的利益而伤害其他生灵。但是这个世界上还是有善良的人，还有成长中的孩子。（王晓露）

（2）电影中的河童小酷是一种象征，象征我们人类需要守护的纯真与本心。我们与自然、与大地、与天空有着根源性的联系，这种联系的割断带来的是人类自身的迷失和生存的危险。这种和谐的自然观、尊重平等的价值观由父亲传给康一，又由康一传达给每一个看电影的孩子，成为一种生生不息的力量。（王晓露妈妈）

（3）看了电影，我很羡慕康一，我也希望自己能有小酷这样的好朋友和玩伴。不过，我也知道，这种想法有点自私，因为小酷需要有属于自己的生活方式。真正的伙伴，在于成全，而不在于成为羁绊与束缚。（诸小莉）

教学感悟与建议

（1）这部电影放给四年级同学看是非常合适的，电影涉及对同伴的接纳与认同，涉及同伴关系的处理，电影更教给孩子们理性思维以及人文精神。

（2）推荐家长也看一看该电影，家长们可以向主人公康一的父母学习对孩子的教育方式。

（河南省济源市下冶第二实验小学　聂玉珍）

5　科学理性的五年级

五年级这一阶段的儿童，心理已经日趋成熟，在学校和家庭中形成了自己的生活风格。此时，儿童的思维由具体形象思维向抽象逻辑思维过渡，处在思维发展的一个重大的转折期。

　　为了适应儿童心理品质的发展，在小学五年级通过电影课程培养学生理性的思维品质，帮助他们站在别人的角度思考问题，从而具备同理心，具备世界视野。

让沙漠如此美丽的，是它在某个地方藏着一口井

（《小王子》）

🎥 电影的教育价值

电影教育孩子们勿忘初心，保持童真。有了童真，才会让我们在四周渐冷的环境中依旧心存暖意；有了童真，我们才能在冷漠的社会中不断地前进。让我们变得美丽的，是我们心中珍藏着的童真。

🎥 观影准备

1. 我们班的电影海报

2. 带着问题看电影

（1）小王子的星球上有一种危险的植物，它的名字叫什么？

（2）小王子在悲伤的时候喜欢干什么？

（3）商人一天到晚都在忙着做什么？

（4）地球上南极和北极的点灯人的工作有什么意义？

（5）那朵难伺候的玫瑰为什么让小王子想念？

（6）你认为大人们都是什么样的？

（7）你觉得狐狸告诉小王子的真理是什么？

📽 电影班会

1. 老师和你聊电影

师：影片一开头，飞行员就讲述了一个自己六岁时候的故事，他画了一幅蟒蛇吃动物的画，结果只看表面的"大人"以为只是一顶帽子。

生：大人不理解孩子的思想和感受。

师：是的，从小孩和大人的对话可以感受到，大人似乎只关注孩子的学习，而忽视了根本性的东西。

生：真是让人悲哀啊，我们希望父母和老师能真正理解我们的想法。这部电影说出了我们的心声。

师：接下来就是小女孩和妈妈面试的"悲惨遭遇"了，尽管已经准备得很充分，但这种"死记硬背"显然没有达到预期的效果，这种"应试"的方式显得很没有智慧。如何看待小女孩和妈妈面试的失败？

生：他们这样学习得到的知识是死的。

生：死的知识不能解决具体的问题。

师：大家说得好，凡是死的知识即使记得再熟，也是没有生命力的。真正的学习是使知识活起来，变成孩子生命的一部分。能活学活用的孩子在遇到各种境遇时才不会惊慌或不知所措，才懂得变通。所以，一定要使自己学的知识活起来。

师：小王子在沙漠里遇到了飞行员，让飞行员给他画一只羊，出人意料的是，小王子最满意的羊竟然是一个有三个孔的盒子，这完全打乱了我们的思维。如何认识小王子说的"这只就是我要的羊"？

生：小王子想要的羊跟我们想象的不一样。

生：我的思想被框住了。

生：他要自己想要的羊没有错，错的是我们认识事物时已经固化了。

师：大家说得好。我们的潜意识是多么渴望"标准答案"。也正是这种思维模式，让我们的教育把一代又一代孩子的"想象力"和"创造力"抹杀殆尽。但是小王子的想法一下子解放了我们的思维，我们思考问题不可以千篇一律，要勇于打破思维定势，这样才可能有创新，富有生命力。

师：如何认识小王子对玫瑰的情感？

生：很显然，小王子和玫瑰的感情，并不是太甜蜜。

生：控制和占有的方式是不对的。

师：大家说得好。电影让我们明白爱不等于占有。真正的爱是自由的。所以，在自由和平等的前提下重新审视自己的生命，才能重新认识对方，更重要的是，重新思考生命的意义。

师：狐狸送给小王子一个礼物，他在小王子耳边说了一句非常重要的话："只有用心去看，才能看得真切。"而类似的话飞行员也说过："我看到的不过是一具躯壳。"如何理解狐狸所说的话？

生：用心看是指用心灵去感受。

生：要学会透过事物的表面看到事物的本质。

师：狐狸告诉小王子，要学会理性思考，看事情不能只看表面，要学会透过现象看到事物的本质，要学会用心灵去感受。所以小王子说："没有必要为没有用的外壳伤心。"这说明王子真正理解了狐狸的话的意思。

师：怎样理解"真正的问题不在于长大，在于遗忘"？长大后遗忘的是什么？

生：是最初的梦想。

生：初心。

生：我们很多人小时候有远大的抱负，长大了理想和抱负就没有了。

师：大家说得好。我们每个人都会长大，这本身没有问题，但为什么我们长大后就不快乐了呢？因为我们忘记了初心，忘记了自己为何而来，忘记了自己的使命，忘记了我们曾经的梦想和追求！……就像这个王子，为了一份"必不可少"的清洁工作，忘记了太多太多的美好，也忘记了当初为何出发……幸好最后他醒过来了，而我们呢？电影告诉我们，一定要记得最初的梦想，记得我们为什么学习，也就是记得我们的初心。

师：如果你准备接纳一个人，爱一个人，相互驯养对方，那就要走进对方的心里，为对方着想，你成为对方的牵绊，对方也成为你的牵绊。如何理解"如果你想和别人制造牵绊，就要承受流泪的风险"？

生：牵绊就是挂念。

生：挂念一个人就会为对方的欢乐而欢乐，为对方的伤心而伤心。

生：就是学会为对方着想。

师：大家说得太好了。学会为对方着想，可能会为对方的处境流下同情或者伤心之泪，这是一个人成长和成熟的表现，是走出自我中心的表现，是具备了同理心的表现。

2. 我们班的作品

3. 我们班的影评

（1）每个大人都曾经是个孩子，但是大人们很少记得这一点，他们心中的小王子已经离他们远去了。

电影版的《小王子》和图书版的《小王子》最大的不同是电影中的小女孩成为了故事的主角。一开始，小女孩是一个听话的、学习好的孩子。她的妈妈早早地为她想好了人生大计，对此我感到很生气。明明是她自己的人生，为什么要她妈妈来计划？再说以后的路妈妈又不能代替她。虽然如此，小女孩还是按照妈妈的话做了。她就像一个学习的机器，每天不停地旋转，旋转……

直到后来，那个古怪的飞行员老头出现了，她的生活才开始发生了变化，她的思想也有了很大的转变。她不顾及妈妈的反对，和老头成了朋友。她为飞行员老头和小王子的故事所吸引，又或许小王子内心的故事就是小女孩子内心一直渴望的童话。最真诚的东西无法用肉眼看到。那一刻闭上眼睛，虽然眼前一片漆黑，但我能感受到周围的美丽。

终于，小女孩在一天夜里，踏上寻找小王子的旅程。小女孩找到了小王子，可小王子早已经不是从前的小王子了。他变得和大人一样，没有了童真，没有了生活的意义。这和我想象的完全不一样。原来，当初那个永远长不大的孩子也长大了。如果飞行员看到小王子这样的话，一定会很伤心。但是，最后剧情大反转，小王子找回了自己，找到了生活的快乐和意义。

（杨季桐）

（2）上个星期，我看了《小王子》这部电影后，就在想：人一定要活在学习、工作、毫无意义的忙碌之中吗？影片中的小女孩的妈妈根本不懂得什么是童心，她只是一个冷漠的赚钱机器。老人给她写了道歉信，但她却转身扔进了垃圾筒，因为她内心的那份美好，已经被工作、金钱覆盖与蒙蔽。

这不正好和现在的现实社会差不多吗？我的父母虽然没给我制订什么人生大计，可是他们的言语、他们的行动就是我的人生大计。他们只会问我学得怎么样，考得怎么样。每次成绩一下落，爸爸就会斥责我，告诉我说如果不考得好一点，就会导致我上不了高中，更上不了大学，也不会找到一份好的工作。

我常常在想：我的人生就只是如此吗？为什么我只能生活在这些东西中间呢？我真的只能被它们控制吗？

每次张老师说她与莫莫一起打篮球、看电影、弹钢琴，我就真的很羡慕莫莫。我的妈妈根本不会陪我做这些。

我理解他们，这是他们对我的一种特殊的爱。

这部电影告诉我，在巨大的压力下，有些人真的失去了很多。童年、童心、天真……真的不可丢。（郭毛毛）

（3）刚听到《小王子》的时候，以为这只是一部关于王子的故事的电影。而我想错了，不这么简单。它告诉我们一定要有童心，不论岁数大还是小，如果没有了童心，那么就将生活得枯燥、平庸。

电影里小女孩子的妈妈就是没有童心的人，而小女孩却相信飞行员，最终与小王子见了面，得到信物，救了飞行员。而当小女孩子找到小王子时，小王子在另一个星球上。那个星球上的人全是工作狂，每天只有一个目标，就是工作、工作、再工作。长大了的小王子当着清洁工，当小女孩去找他的时候，他已经变成了另外一个人，不再有着以前的欢笑声，只知道皱着眉头工作。幸好，小女孩经过努力，唤醒了他的记忆。终于，他想起来了，他想到了自己驯养的玫瑰花，想到了自己驯养的狐狸，还有飞行员。他让小女孩把一个信物带给飞行员……经过这么多的周折，小女孩的妈妈也找回了童心，每到夜晚，她都会和女儿去看天上的星星，不再制订那些人生大计了。

所以，我们不能失去童心，长大后也不要像小王子之前所在的那个星球上的人们一样，成为没有目标的工作狂！（王僮）

教学感悟与建议

（1）《小王子》的故事很经典，对学生非常有教育意义，教会学生懂得生命的意义和价值。

（2）这部电影可与《狐狸与孩子》形成上下篇。《狐狸与孩子》告诉孩子们要学会分辨爱与占有的心理，《小王子》教会孩子们懂得付出，懂得驯养，懂得人生的意义与价值。

（内蒙古鄂尔多斯市东胜区石佳小学　张瑞霞）

顺着命运的安排，勇往直前

(《想飞的钢琴少年》)

 电影的教育价值

电影讲的是一个天才少年突破自身的种种烦恼，寻找到真正的自我，并以自身的能力赢得想要的生活方式的故事。电影启示儿童盲目追求"自由"不一定对，要考虑这种自由是不是将生命引向高处，是否促使心灵自由地飞翔。真正的自由不是一种情绪，而是一种积极的生命状态。

观影准备

1. 我们班的电影海报

2. 带着问题看电影

（1）你如何看待"天才""天赋"？

（2）你渴望具备什么样的"天赋"？为什么？

（3）你觉得这部电影讲述了一个什么故事？

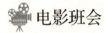 电影班会

1. 老师和你聊电影

镜头一：身穿小西装、衬衣的维特在教室当场给老师难堪。

讨论：你喜欢维特的学校生活吗？超级学霸，甚至连老师都不及。

生：喜欢，学霸啊，我也想当学霸。

生：老师，我有个问题，那些同学为什么要笑他呢？

生：嫉妒。因为维特太厉害了。

师：我们看看维特的穿着，西装、衬衣、皮鞋，显得非常？

生：像个大人、白领。

生：他看起来好成熟哦。

师：比他大很多的同学们，穿得？

生：很休闲、时尚。

师：可见，维特和其他同学的认知相去甚远。这也导致了他和其他人没有共同语言。

……

镜头二：雨夜，维特和他儿时的飞机躺在楼下。

讨论：维特从楼上摔下来，想想接下来会发生什么故事？

生：会不会把腿摔断了？

生：我感觉是把手指摔了，弹钢琴不是要用手指嘛，可能一只手的手指给摔了，最后他用一只手弹钢琴。

生：说不定两只手都摔断了，他就用脚趾弹。就像以前电视里那个人，我忘了名字了，他就没有手，用脚弹钢琴。

师：维特这样的选择是不是最好的选择？

生：不是最好的选择，因为他这一摔，虽然让他变成了一个普通人，但是他的生活质量下降了。

生：他的天赋浪费了很可惜的。

师：大家说得好。有时我们愿意追求绝对的不受约束的自由，于是会采取一些极端的方式，但是这种选择、这种自由如果让自己的生活品质下降了，就不是一种正确的选择。

……

镜头三：维特在爷爷家弹钢琴。

讨论：维特为什么要假装摔掉了"天赋"，不会弹钢琴了？

生：他妈妈把他管得太紧了。

生：他想跟大家一样。

……

师：不过，电影中维特这样的选择只是为了给自己争取一点思考的时间和空间。当一个人不知道往哪个方向去的时候，无论他怎样努力都是错的。方向选择对了很重要。

讨论一：说说维特是一个怎样的人。

生：他很懂事，他帮他爸爸解决了困难。

生：他喜欢伊莎贝尔，还……

生：他很勇敢，最后还开飞机。

师：维特和普通人不一样，他具有超级厉害的天赋，是个钢琴天才。但是，他被父母管制和约束着，这不是他想要的生活，聪明的维特用特殊的方式给自己争取到了冷静和思考的时间。维特与一般孩子不一样的地方在于他会理性思考，会通过尝试进行正确的选择，最后他选择不浪费自己的天赋，按自己的选择去处理问题，找到了心理需求和社会要求的平衡点，这很了不起。

……

讨论二：说说爷爷是一个怎样的人。

生：他爷爷守信用，答应替维特保密。

生：他爷爷也想开飞机。

生：我觉得他很搞笑。把别人家的花摘了去送给维特的妈妈。

生：他像个小孩，开头好像把窗户打碎了。

师：电影中的爷爷有很多可爱的地方。他拥有童真和梦想，所以和维特能谈得来。他不强迫维特做不喜欢的事情，而是引导维特学会思考，这种教育方法很容易被维特接受。爷爷虽然年纪大了，但愿意为自己的飞翔梦而努力，这给维特以重要的启示。所以，爷爷是一个智者，是引导维特的人生发展并使其作出正确选择的重要人物。

……

讨论三：大家从电影中学到了哪些有益的启示？

生：不要浪费自己的天赋。

生：当自己与父母的决定相冲突的时候要冷静，学会思考，不要一味抵制和叛逆。

生：要学会倾听内心的声音，并要学会在自己的需要与社会要求之间找到平衡。

生：天才也有很多烦恼，每个人都会有烦恼，要学会化解这些烦恼。

生：要学会和父母沟通，让父母了解自己的想法。

生：要学会听取别人的意见和建议。

生：不要放弃梦想，敢拼、敢闯。

师：大家说得非常好，每个人都能从电影中学到对自己有益的东西。我想告诉大家的是，如果你是天才，有一些特长，请珍惜自己的天赋。如果你与父母意见不合，请与他们进行沟通和交流。如果你有生活和学习的困难，要学会求助，倾听别人的意见和建议。如果你只是一个普通的人，请你要更努力地学习和奋斗，因为天才们比我们更努力，所以我们没有偷懒的理由。

维特说，飞机停在地面上比较安全，但是它总是要飞上天的，这是维特在经历种种思考和挫折后追求的真正的自由。

所以真正的自由就是放飞梦想，勇敢追求。

2.我们班的作品

3.我们班的影评

（1）老师给我们推荐了电影《想飞的钢琴少年》，我发现不仅是普通孩子，天才也是有烦恼的，也会遇到自己的意志与父母的决定相冲突的时候。看来烦恼每个人都会有，但处理问题的方式不一样，结果也就不同。维特告诉我们这个时候要冷静，既要听从大人的忠告，不绝对封闭自己，又要想清楚自己的决定是否真的正确，从而作出正确的选择。（周琳婷）

（2）我也弹钢琴，与维特一样，我是被父母强制学钢琴的。我也有闹情绪不想弹琴的时刻，高强度的训练真的很累人，很折磨人。但是弹琴既能锻炼自己，又能愉悦别人的心情，带给别人快乐，我感觉我和父母的选择还是有道理的。我愿意坚持自己的选择，成为一个维特一样的钢琴少年。（熊智贤）

教学感悟与建议

（1）本片讲述的是音乐小神童的故事，观影前聊天才、天赋旨在为观影做铺垫。而观影的过程中组织学生互动，是为了开启学生的想象空间，考查学生的叙事能力。观影结束后对人物的讨论，重在学生与学生之间的互动，我没有过多地参与评价，以避免强加。镜头再现则主要提醒学生在观影过程中注意细节。影片中所出现的每一个场景、每一个物品都有其出现的理由，我们应该在观影过程中"处处留心"。

（2）本次观影，我把重点放在了"互动"上，课堂讨论达到了预期的教育效果。最大的不足在于太过"匆忙"：匆忙准备，匆忙观影，匆忙讨论。希望下次能够抛弃"匆忙"，完全享受观影的乐趣。

（陕西省汉中市龙岗学校　刘永建）

伴你高飞

(《外星人 E.T.》)

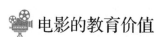

电影的教育价值

当长着一双孩子的眼睛的 E.T. 用超能力让孩子们的自行车飞上夜空，穿过那轮明月的时候，你是否受到了震撼？一位 10 岁男孩与一个外星造访者，划破时空隔阂，建立了纯真的友谊。电影感动了亿万观众。电影教育孩子们要学会接纳和宽容。

观影准备

1. 我们班的电影海报

2. 带着问题看电影

（1）艾略特是一个怎样的小孩子？

（2）艾略特和 E.T. 是怎么建立起信任的？

（3）影片表达的主题是什么？

（4）假如你遇到了一个外星人你会怎么做？

（5）如果外星人没有走又会发生怎样的故事？

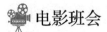 电影班会

1. 老师和你聊电影

（1）说说你眼中的 E.T.。

师：大家看完《外星人 E.T.》以后，觉得 E.T. 是一个怎样的外星人？

生：我觉得他是一个聪明、好奇、拥有特异功能的外星人。

生：我觉得他是一个对什么事情都充满好奇的外星人，什么都敢去尝试，特别是喝醉酒那一个片段特别搞笑。

生：我觉得他是一个特别善良、可爱的外星人，他虽然拥有特异功能，但并没有伤害任何人，还和他们友好相处。

（2）聊聊艾略特一家是怎么和外星人建立起信任的。

师：艾略特一家是怎么和外星人建立起信任的？

生：艾略特是最先和外星人建立起信任的。他们之间靠的是一把糖豆的牵线搭桥，艾略特教他认识各种各样的小物件，他们一起在浴室认识日用品，外星人好奇地滑进浴缸泡澡，还特别享受呢！

生：艾略特的哥哥麦克和外星人建立信任是在外星人想回家，他帮助外星人组装联系工具的时候。特别是当知道外星人不见了的时候，他骑着自行车飞奔，明显地看出他在替外星人感到担心。

生：妹妹葛蒂最初见到外星人的反应是尖叫，但随着相处，她渐渐喜欢上了外星人，还送给他一盆花，并且在上学的时候都舍不得离开家。

师：艾略特一家和外星人的信任是建立在相互接纳的基础上的。外星人最需要帮助的时想，艾略特收留并保护了他，从而赢得了信任。所以外星人愿意展示自己的超能力。在外星人渴望回家的时候，艾略特和伙伴们愿意为他寻找回家的方式，所以，外星人也愿意接纳他们。信任才是他们能够和睦

相处的根本，但信任的前提是接纳和宽容。

（3）谈谈对电影《外星人 E.T.》的感想。

师：看了这部电影，最让你感动的地方是什么？

生：艾略特没有把外星人当作怪物，而是把它当作朋友一样友善地对待。

生：当看到艾略特和外星人的动作一致的时候，感觉好神奇，好萌的感觉。还有艾略特的手指受伤了，外星人用他的手指一点就使之恢复了原状。

生：最感动的地方是外星人不见了，艾略特失魂落魄的样子。

生：当艾略特骑着自行车带着外星人飞了起来，在蓝蓝的星空中圆圆的月亮旁边飞过的时候，真想自己也有这样的机会。

生：和外星人告别时，葛蒂和艾略特依依不舍的样子，真让人伤心。

师：这部电影的主题是接纳和宽容，为什么孩子们能够接纳外星人，并及时提供帮助？因为孩子们的心灵是最纯净的，没有被利益沾染。而电影中的成人却是千方百计地搜捕外星人，他们的目的是拿它做研究，他们显然被利益左右，从而失去了爱心和宽容。

电影告诉我们，在生活中也要像艾略特一样拥有一颗可以接纳和宽容这个世界的心，以让这个世界永远美好，并赢得别人的信任和尊重，维持美好的友谊。

2. 我们班的作品

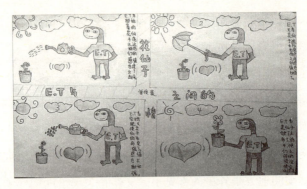

3. 我们班的活动——演一演与故事续编

（1）演一演。

（2）故事续编。

当艾略特一家人不顾一切地把E.T.送走之后……

续编一：

艾略特和家人一起回到了家，他非常想念E.T.，为了记录和E.T.相处时的美好时光，他用画笔把这一切描绘了下来。比如，第一次在院子里遇见

E.T. 时的情景，E.T. 在浴盆里洗澡的情景，妹妹葛蒂把 E.T. 打扮成小女孩的情景，万圣节的时候把 E.T. 打扮成鬼魂的情景……

一天天，一年年……最后绘成了一本精美的画册，这本画册被一个出版商看中并出版了。（候帅）

续编二：

E.T. 乘坐着飞船回到了原来居住的地方，当他到达的时候，他的父母正在舱门外等着他。他一走出来，妈妈立即走上前去紧紧抱着他，说全家人一直很担心他，想尽各种办法都没有联系上，以为再也见不着面了。E.T. 给他的家人讲述了在地球上生活的种种事情，特别是他如何与艾略特一家相处的各种趣事。（李毅）

4. 我们班的影评

（1）我应该用一颗善良的心去对待任何事物，就像艾略特对待 E.T. 那样。（于佳遥）

（2）好可爱、善良的艾略特！你有一颗比海还宽大的心！希望自己的孩子也要像艾略特一样勇于接纳不同的事物。（曾俊豪妈妈）

教学感悟与建议

（1）对于外星人的话题，学生特别感兴趣，在观看电影之前，先让学生去搜集一些有关外星人的信息，以便在交流时有充分的准备。

（2）电影的讨论可结合几个重要主题来进行，比如信任、友谊、接纳，这样班会会更紧凑。

（3）孩子们表演的兴趣非常浓厚，表演得也非常精彩，我们要多给孩子提供这种展示自我的机会。

（重庆市丰都县社坛镇大堡完全小学　黄静媛、罗琼）

爱能融化心中的冰雪

（《冰雪奇缘》）

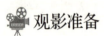电影的教育价值

电影中的两姐妹其实就是每一个孩子的不同方面而已。电影告诉我们真正的成长是全面认识自己，接纳自己，不断地修正自己。电影教育孩子们当发现自己的缺点和不足时，不要试图去掩盖它，也不要逃避，真正要做的是接受缺陷进而克服。

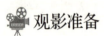观影准备

1.我们班的电影海报

2. 带着问题看电影

（1）艾莎有什么独特的本领？

（2）长大后艾莎为什么会远离安娜？

（3）艾莎在加冕的那天情绪失控，后来发生了什么？

（4）安娜在寻找艾莎的过程中获得了谁的帮助？

（5）安娜变成冰人后，是谁救了她？

（6）电影最打动你的是什么？你认为电影的主题是什么？

🎥 电影班会

1. 老师和你聊电影

师：看电影之前，我们都已经了解了这几个问题。看完后，老师又让你们把自己的思考写在练习本上。现在我们一起来交流这些问题，把你的想法告诉大家。请选择自己喜欢的问题来回答。

生：第二个问题，小时候安娜和艾莎关系非常好，因为艾莎害怕再次伤害安娜，所以她故意疏远了安娜。

师：小时候，艾莎和安娜感情非常好，因为她害怕伤害安娜，所以才疏远了安娜。

师：还有谁想回答问题？

生：第一个问题，艾莎可以用冰雪魔法。

生：第三个问题，艾莎生气后，冰雪覆盖了整个王国，她躲进了北山。

师：看第四个问题，安娜在寻找艾莎的过程中，获得了谁的帮助？

生：雪宝、克里斯托弗。

师：谁救了安娜？

生：艾莎用真爱救了安娜。

师：故事中，哪个情节打动了你？

生：艾莎救了安娜。

师：故事中你最喜欢哪个人物？

生：雪宝，他很可爱。

生：安娜，因为她活泼可爱。

生：艾莎，因为艾莎非常勇敢。

师：请你把自己喜欢的某个故事情节用几句话，描述出来。

生：故事刚开始的时候，克里斯托弗和小斯在拖冰块，他们很开心。

生：当汉斯要伤害艾莎的时候，安娜不顾一切地去救艾莎，就在那一瞬间，安娜变成了冰。最后艾莎用真爱救了安娜。

师：描述情节，就是把自己看到的，按一定的顺序讲述出来。

师：成长的过程，就是不断认识自己的过程，接纳自己的过程。就像艾莎，她的魔法本来是一项独特的本领，可是她的恐惧，让她远离了自己本来的生活。当她接纳自己的魔法的时候，也学会了如何控制自己的魔法，所以幸福就来了。生活中，我们可能会遇到各种各样的恐惧，我们要学会控制，我们就成长了。

电影中的姐姐和妹妹是两个人物，其实她们就是我们自己，我们有时像姐姐，有着破坏性，让别人恐惧，有时又像妹妹一样，有着温暖的魅力。但不论哪一种情况，都是我们自己。所以我们要学会接纳阳光中的自己，也要学会接纳阴影中的自己。学会控制自我，我们就真正长大了。

2. 我们班的作品

3. 我们班的影评

（1）在这部影片中，我最喜欢艾莎和安娜姐妹俩，艾莎她是一个善良、为别人着想的人，她肯为了不伤害自己的亲人，而离开自己的亲人，自己一个人住在孤独的北山上。安娜直爽、活泼、勇敢，无论遇到什么事情都不惧怕，能勇敢地去面对。安娜给姐姐的爱融化了艾莎的恐惧，艾莎也用爱融化了安娜遭受的冰冻魔法。她们俩温暖人心、可解冻一切的亲情，让我在心中为姐妹俩的真爱而感动。

就是这么一部电影，表现出了真正的亲情，表现出了人与人之间真正的爱！ Let it go! 让寒冷的冰雪都飘走吧，现在降临在这个世界上的，应该是暖暖的真爱！

观看了这部电影后，我明白了一个深刻的道理：只有真爱才能化解一切！也只有心存真爱，幸福的生活才能由此开始！如果心中不存有爱，那么你的一生就十分乏味。（王紫晴）

（2）《冰雪奇缘》这部电影的英文名是 *Frozen*，意思是冰冻，可我看完之后一点也不觉得寒冷。因为我被爱融化了。

这部影片讲述了一对公主姐妹被迫分离又聚到一起的故事。

姐姐艾莎有一种神奇的魔法，碰到什么，什么就变成冰，包括人。小时候，安娜把姐姐艾莎叫出去玩，可不幸的是安娜被姐姐艾莎误伤，这个伤害差点让安娜失去生命。

艾莎是一个善良的人，她为了保护自己的亲人，只好逃避。安娜是个直爽、勇敢、活泼的人。自从姐姐艾莎消失后，安娜就出去寻找姐姐的下落。安娜不畏艰难，遇到野狼，她也不向后退一步。安娜历尽千辛万苦找到了艾莎。可是艾莎却用冰，冻住了安娜的心。克里斯托弗带着安娜去找汉斯王子，想用真爱之吻唤醒安娜。可汉斯王子不仅不救她，还想要害死艾莎。最后，安娜献出了生命，而艾莎用真爱救了安娜。汉斯王子也受到了应有的惩罚。

看完这部影片，我懂得了什么是真爱。（李梓怡）

教学感悟与建议

（1）观影前的问题，要结合主题来设计，问题不能太过复杂。

（2）看电影的时间要把握好，可以尝试精彩情节再次观看。

（3）个别同学看电影时，缺乏兴趣，缺乏思考。要了解原因，是学生已经提前看过，还是学生不感兴趣？如果是第一个原因，要提前告诉学生，集体观看电影能创造良好氛围，得到不同的灵感。如果是第二种情况，可以问问学生喜欢的电影是什么，鼓励他们推荐正能量的电影。

（河南省焦作市温县武德镇学校　孙红）

你是谁的夏洛特

《夏洛特的网》

📽 电影的教育价值

电影讲的是一个拯救的故事，也是一个在帮助别人中实现自我价值的故事。夏洛特和这世上好多朋友一样，善良、乐于助人、谦虚、信守承诺，它让所有的伙伴，无论是奶牛、山羊还是鹅，甚至还有那自私的老鼠，都感受到它的美丽和坚强，更是让人类见证了一次次的奇迹！电影教育孩子们认识生命的意义和成长的价值。

📽 观影准备

1. 我们班的电影海报

2. 带着问题看电影

（1）你看到了一个什么样的动物世界？

（2）夏洛特是一只怎样的蜘蛛？

（3）请关注夏洛特的四次织字，威尔伯配得上夏洛特织的字吗？

（4）电影中哪个镜头最有趣？哪一句台词最经典？

🎬 电影班会

1. 老师和你聊电影

师：什么样的猪被称为"落脚猪"呢？

生：就是没出息的猪。

师：刚生下来，怎么看得出有没有出息呢？

生：就是生下来很小很小的猪。

师：对，生下来特别瘦弱的猪叫落脚猪，照顾这样的猪很麻烦，弗恩的爸爸嫌麻烦，就想用斧子把它砍了。这个时候如果是你，你会怎么说？

生：既然生下来了，就有活着的权利。我们不能杀害动物，要好好保护小动物。

生：每个生命都是上苍的恩赐，无论好坏美丑，不论贫富贵贱，在生命的天平上应该是平等的。只要你愿意，每个生命都可以美丽丰盈。

师：电影中发生了一个奇迹，是什么？

生：夏洛特用自己的丝在猪栏上织出了被人类视为奇迹的网上文字，彻底逆转了威尔伯的命运，终于让它在集市的大赛中赢得特别奖和一个安享天年的未来。

生：夏洛特四次在网上织的词分别是：王牌猪、了不起、光彩照人、谦卑。威尔伯尽力活得跟他的名声相衬。威尔伯和夏洛特一样的深情，一样的忠诚，它有情有义，知恩图报。

师：电影中有一个伟大的团队，这个团队因为什么目标组织在一起？

生：电影中的这个伟大团队，有小猪威尔伯，蜘蛛夏洛特，老鼠坦普尔顿，还有谷仓里的其他动物们。

生：还有女主人公。

生：团队的目标是拯救小猪威尔伯。

师：大家说得好，正是因为这个目标把大家凝聚在了一起。所以，一个共同体，或者一个伟大的团队要有哪些特征？

生：要有共同的愿景，大家能心往一处想，劲往一处使。

生：大家为了共同的目标都要有所改变。

师：那么电影中改变最大的是谁？

生：夏洛特变化最大，在小猪威尔伯来到谷仓之前，夏洛特在春天出生，织网，秋天死亡，过着平凡的生活。

师：在威尔伯来之前，大家各自活自己的，各自平凡着。但威尔伯来了，改变最大的就是夏洛特，它开始为威尔伯考虑，威尔伯成为它生活的意义。于是它的生活具有了意义和价值。

师：电影中还有谁改变比较大？

生：坦普尔顿。

生：坦普尔顿原本是自私的，但为救威尔伯，它变得与众不同啦，懂得为别人考虑了。

师：夏洛特为威尔伯做的一切都建立在友情和承诺的基础上，动物都能为了朋友和承诺付出生命，它们把友情和承诺看得很重。而现实生活中，有很多人为了自己而出卖朋友，对朋友的承诺很轻视，推了再推。我认为人们要把友谊和承诺看重些。

师：看了这部电影有什么感想？

生：我觉得夏洛特很善良、很伟大，用自己的网一次又一次地救了威尔伯，同时，威尔伯也用自己的方式报答了夏洛特，把它的孩子带到了夏洛特生活过的地方。夏洛特和威尔伯之间的友谊真让人感动。

生：看了这部电影我懂得了：有了智慧就能战胜生活中的挫折，虽然有的事情要花费很多时间，但是只要坚持不懈，再难也能胜利。也使我明白了在生活中尊重别人，帮助别人，那么别人也会尊重自己。

师：小猪获救了，夏洛特的生命却走到了尽头。但它留下了后代，其中三只留在了夏洛特曾经住过的门口，它们成了威尔伯的朋友，一直陪着威尔伯；同样，它们的后代也是。

2. 我们班的作品

3. 我们班的活动——演一演与故事续编

（1）演一演：不寻常的猪。

工人：朱克曼先生，你得来看看！

夫人：快点，霍默！

工人：什么我是猪，不寻常的猪。

夫人：太神奇了，这是真正的奇迹。

夫人：比彻牧师。

牧师：霍默、伊迪丝，你们怎么来了？是上帝吗？

夫人：我们觉得是。

牧师：布道时，我会宣布这件事，那之前要先保密。

夫人：你不能泄密，但你可以来谷仓看看，你知我知。

农场主：谁都别告诉，这是要保密的。

工人：朱克曼家谷仓里的蜘蛛网上有字。

（2）故事续编。

小猪获救了，夏洛特的生命却走到了尽头。但它留下了后代，其中三只留在了夏洛特曾经住过的门口，它们成了威尔伯的朋友，一直陪着威尔伯……

续编一：

自从三只小蜘蛛来了，农场里非常快乐，它们每天都玩游戏。但这一天威尔伯却闷闷不乐的。小蜘蛛内莉对威尔伯说："快来和我们一起玩！"威尔伯却哭了："不玩了。你们玩去吧。"小蜘蛛乔伊见了，问："威尔伯，你哭什么？"威尔伯小声地回答道："今天是你妈妈死去的那一天。"小蜘蛛们听了，异口同声地叫道："什么！"顿时都没有了笑声。艾瑞亚小声地问："威尔伯，你一定和我们的妈妈经历了许多事情吧！"威尔伯说："没错，是你们的妈妈救了我。""你给我们讲一讲吧，让我们知道我们的英雄妈妈是怎么救了你的，好不好？"威尔伯说："好的，那我就开始讲了。我刚被送到这里，就认识了许多朋友。一天晚上我听见有什么在向我打招呼，我很好奇，却什么也看不见，我就又睡了，第二天才发现那是你们的妈妈。认识你们的妈妈不久，我就听到了一个可怕的消息——艾拉伯尔先生想把我杀掉。你们的妈妈知道了，对我说：'我一定会救你的！'就是它织的网才把我救了。你们的妈妈为了救我，在网上织了四次字，人们知道了我是一只不寻常的猪，还给我颁发了奖，并且决定再也不杀我了。可是你们的妈妈却在生下了你们之后，就永远地离开了这个世界。"蜘蛛们泪流不止："谢谢你，让我们知道了我们的妈妈有多么伟大！"（刘文涛）

续编二：

每一天威尔伯都给三只小蜘蛛讲夏洛特的故事，小蜘蛛觉得它们的妈妈特别伟大，它们也想和妈妈一样伟大。

一天，天气非常恶劣，下着倾盆大雨，还刮着狂风。弗恩要去上学，当她和同学们坐着校车来到一个大坡的时候，忽然上面下来了一辆大卡车，这辆车好像失控了，一下撞到了他们。这时老山羊刚好路过，就立马回来告诉了威尔伯。威尔伯一听到这个消息，就立马奔向医院，小蜘蛛们也跟了过去。当威尔伯狂奔到医院的时候，弗恩已经做完了手术，静静地躺在病床上。

威尔伯问医生弗恩现在的病情，医生告诉它弗恩可能永远都醒不过来了。医生的话音刚落，威尔伯就晕倒在地。威尔伯整整晕了三天三夜才醒过来。它醒来后见弗恩还没醒来，就开始着急了。小蜘蛛们见威尔伯这么着急，就对它说："你想想她经常跟你说的话，你再跟她说一下看看行不行。"于是，威尔伯跑到病床前唱起了弗恩经常给它唱的歌，没想到弗恩竟然慢慢地睁开了眼睛。

从此威尔伯和它的好朋友们就又过上了美好的生活。（李欣芙）

续编三：

几年后，一只叫白蒙的小羊被送到了农场里，它有一身漂亮的白毛，但艾拉伯尔先生准备把它的白毛剪下来做被子。

白蒙一听到自己的毛要被剪掉，大哭了一场。动物们决定帮助白蒙，它们出谋划策："把它藏起来。""帮它逃出农场。"……

威尔伯摇了摇头说："你们说的都不行，你们难道认为我们能比过人类？"动物们都沉默了，威尔伯继续说："我们这样……"

晚上，除了白蒙，动物们都没睡，三只小蜘蛛在织网，动物们都在外面用稻草堆字。

第二天，艾拉伯尔看到网上有几个大字："不准伤害白蒙"。地上还有："不然决不屈服"。于是艾拉伯尔决定不剪白蒙的毛了。（黄岩淞）

4. 我们班的影评

（1）《夏洛特的网》是一部催人泪下的电影。"你是我的朋友，我不会让你死的。"这是夏洛特对威尔伯的一句承诺，最终夏洛特用生命拯救了小猪威尔伯。承诺是无可替代的宝物。（越佳心）

（2）夏洛特说一定会救那只猪，它真的救了，它很讲信用，如果没有夏洛特，那只猪早就变成火腿肠了。（常衡达）

（3）《夏洛特的网》让我看到了强大、美好、令人难以置信的友谊，动物的世界很让我向往，我真想知道动物会不会说话，会不会都那么善良。（李昀静）

教学感悟与建议

（1）看完电影后让学生思考"你是谁的夏洛特"，让孩子们都明白生命的意义与价值：因我的存在而让别人幸福，让世界美好。

（2）大家非常喜欢这个故事，在电影表演环节大家积极主动参与，表演得非常棒。

（3）电影故事情节简单，电影的主题大家也容易接受，建议把重点放在班级活动中，通过活动深化对电影主题的理解。

（河南省济源市下冶第二实验小学　王磊）

6　勇于承担的六年级

从学龄发展阶段来说，小学六年级的孩子面临升入初中的学业挑战，智力发展在浪漫期积累的基础上进入精确期。孩子们无论在生活和学业上，还是生理和心理上，都面临着一系列的挑战。

这一阶段电影课程的任务是通过理想与信仰、坚守与放弃、努力与坚持、理解青春等丰富的主题引导学生形成直面现实，勇于接受挑战的心理品质。

听从使命的召唤

(《魔戒》)

电影的教育价值

之所以把《魔戒》推荐给孩子们，在于电影展现了使命的力量。面对不一定属于自己的责任，弗罗多选择了承担，挑战不可能完成的任务。在这一过程中，他懦弱，退缩，挣扎。每个孩子都有过这样的时刻。最终弗罗多战胜了胆怯的自我。电影唤醒了孩子们内在的使命感与责任感，促进了孩子们精神的成长。

观影准备

1. 我们班的电影海报

2. 带着问题看电影

（1）魔戒具有什么力量？为什么要摧毁它？

（2）在摧毁魔戒的队伍中，共有哪些人？各有什么特点？

（3）为什么一定是弗罗多？这是别人的选择还是他个人的选择？

（4）影片中你喜欢谁？讨厌谁？

电影班会

1. 老师和你聊电影

师：电影《魔戒》，光是台词就让人回味无穷，大家先四人互相交流摘录的经典台词，然后推选优秀的台词在班级中交流。

生：影片中这样介绍哈比人：哈比人的存在微不足道，他们并非骁勇善战的武士，也不算是聪明绝顶的智者。哈比人唯一的热爱就是食物。

师：我们几乎就是现实版的哈比人，同样微不足道地存在着。

生：我记下的是影片对魔戒的介绍。"他们"是什么？他们曾经是"人类"，伟大的"人类国王"。索伦给了他们九个力量强大的戒指，欲望蒙住了他们的眼睛，他们毫不迟疑地接受了，一个接着一个坠入黑暗中。现在他们是索伦的黑暗奴仆，他们是介于生与死之间的冥界幽灵。

师：是的，我们已经看过太多这样的故事——想要奴役强大力量的人，最终被力量奴役。

生：在你出现前巴金斯家族一向都很规矩，我们从不冒险或犯规。如果你指的是那只恶龙，那件事与我无关，我只是推了你叔叔一把。

师：是的，甘道夫不但推了弗罗多的叔叔一把，还推了弗罗多一把，使他走上一条成长的挑战之路。

生：我记下的是比尔博舍不得放下魔戒时说的话：现在我突然不想把它给别人，它是我的，是我找到的。

生：你千万要小心，邪恶力量不仅来自外面，我更担心的是从内部滋生的邪恶。你要相信你自己，相信自己的力量。

师：这些台词仿佛带着我们重温了那些精彩的情节，《魔戒》果真是史诗般的影片。

师：魔戒具有什么力量？谁来说一说？

生：戴着它能延年益寿，保持青春。

生：佩戴至尊魔戒能进入隐身状态。

生：魔戒会依据使用者的心思为他们提供一些小的帮助。

生：魔戒还拥有自己的意志，可以侵蚀周围人的思想，激发他们心中的邪恶与贪婪。

师：这么说，魔戒最大的威力在于无所不至、无可抵挡的诱惑。它拥有无限的力量，它是魔君的武器，为什么要摧毁它？

生：对于力小式微的平凡人而言，使用它不仅不会有什么好处，反而会被魔戒诱惑，成为屈服在魔君意志下的幽魂。

生：凡人是无法驾驭魔戒的，反而被魔戒力量吞噬，比如咕噜的悲剧。

生：弗罗多戴上魔戒之后看到的不是权力，不是美好，与之相反，是邪恶之眼，是炼狱。

师：是的，同学们说得真好。拥有魔戒，表面上拥有无限的力量，但是却成为索伦的奴役，心中追求的不再是美好，而是无穷尽的邪恶。

师：在摧毁魔戒的队伍中，共有哪些人？他们各有什么特点？

生：有巫师甘道夫，精灵族，常年生活在地下的矮人族，纯真善良的哈比人，还有人类刚铎之王阿拉贡。

师：这些人各有什么特点？

生：夏尔的小哈比人弗罗多、山姆、梅里、皮聘，他们弱小但纯真善良，还特忠诚，美食、啤酒是他们的最爱。

生：巫师甘道夫是魔戒远征队的队长，他是一个充满智慧的人，他敢于对抗黑暗势力。有他的支持和帮助，弗罗多才能完成毁灭魔戒的任务。

生：人类也是这支护戒队伍的主力军。阿拉贡、波罗莫是其中的代表，虽然他们曾经退却，但最后面对使命，他们还是承担了责任和使命。

生：圣洁的精灵有很大的功劳。他们的箭术很高超，他们放弃自己世外桃源般的生活，甚至牺牲自己的生命，这一切只为了消灭邪恶。

师：正义的巫师、圣洁的精灵、善良的小哈比人……他们是光明的象征，勇于承认并正视自己的欲望，然后克服战胜欲望，不让自己迷失在邪恶的欲望里。正是这样的护戒队伍团结在一起，才能把魔戒送回熊熊烈火中。

师：持戒者为什么一定是弗罗多？这是别人的选择还是他个人的选择？

生：是啊，我也很奇怪，巫师甘道夫这么聪明，本领又高，为什么他不能去完成这个任务？

生：甘道夫肯定不行的，因为他自己说了，能力越大的人越受不了魔戒的诱惑。有可能他拥有魔戒，就成了第二个索伦。

生：弗罗多开始的时候一定要把魔戒还给甘道夫，可见他很淳朴，没有贪婪的欲望。

生：我觉得山姆比弗罗多更勇敢，更忠诚，为什么他不能是持戒者？

师：同学们的问题提得很好。哈比人弗罗多承担了毁灭魔戒的任务，与山姆等一起前往末日山脉。弗罗多是持戒者，这有必然性，也有偶然性。但是，有一点是肯定的，肯定是哈比人。如果山姆是持戒者，那么弗罗多就是山姆的角色了。这部影片有着太多的可讨论的地方，被称为史诗般的影片。希望大家能继续看完另外两部。

2. 我们班的作品

3. 我们班的影评

（1）我们班看了《魔戒》三部曲，电影恢宏的场面非常让人震惊。哈比人弗罗多勇敢承担起了重大的使命，承担了责任，一路上有好朋友的相助，有正义人士的协助，最后销毁了魔戒，正义战胜了邪恶。（张萧远）

（2）弗罗多战胜魔戒的过程非常艰难，老师告诉我们这其实是在跟自我进行斗争，一个人只有战胜内在的软弱，拥有强大的心灵才会拥有真正的强大。

我对电影中的咕噜印象深刻，他本来是一个正常的人，但抵制不了魔戒的诱惑，控制不了自我的欲望，所以变成了人不人鬼不鬼的一种生物。看了电影我明白了，人不能太自我，一定要学生控制自己的欲望，只有这样才能不被别人控制，才能成为真正的自己。只要人心中还有魔念，魔君就会永远地存在下去。（陈梦遥）

教学感悟与建议

（1）三部电影时间比较长，可以在一周内分三次看完。这是一个电影系列，体现了男孩成为男人的成长过程，如果时间允许最好三部让学生连着看，然后集中讨论。

（2）这样的电影其实更适合在一个小长假中让学生合理安排时间进行观看。当然，假期前要进行观影指导，让学生带着问题与期待观影。

（山东省滨州市滨城区实验小学　郭栋）

心意相通的日子

(《伴我同行》)

 **电影的教育价值**

这完全是一部关于成长、关于同伴关系的电影，四个足以被称为"死党"的铁哥们儿去寻找尸体的冒险经历为少年们打开了心结。这部电影不单单有冒险，还有每个小孩对家庭、对成长、对友情、对认同的内心哭诉。每个男孩在成长过程中，都会有一些一起经历过冒险的儿时玩伴，友情弥足珍贵！

好朋友之间一定是相互理解、相互包容的。

观影准备

1. 我们班的电影海报

2. 带着问题看电影

（1）维恩是怎么得知那个小孩被害的消息的？

（2）四个孩子为什么要去找一个小孩的尸体？为什么那帮大孩子也想找到那个孩子的尸体？

（3）爸爸在墓地对戈迪说了什么？为什么？对戈迪产生了什么影响？

（4）克里斯为什么哭了？你如果遇到类似的事情，会怎么做？

（5）长大后戈迪为什么只和克里斯成了很好的朋友？

🎥 电影班会

1. 老师和你聊电影

师：电影中的四个孩子都生活在什么样的家庭中？各自遇到了什么问题？

生：克里斯的父母有偷窃的习惯，他们家被称为小偷世家。

生：克里斯的问题是他偷了班里同学买牛奶的钱，但他还给了老师，而老师自己贪污了，克里斯仍然被大家称为小偷。他被老师欺骗了，被同学冤枉着。

生：戈迪因为哥哥的去世，更被父母忽略和无视。他父母因为哥哥太优秀，总抱怨为什么死的不是戈迪，这让他非常伤心，在家里他的母亲都不理睬他。

生：泰迪的父亲有精神病，经常往死里揍他。

生：维恩在家也经常挨打。

师：大家分析得对，看来四个主人公都生活在问题家庭中，他们的处境都不妙，所以他们四个在一起相互取暖。但四个人一开始在一起时表现得正常不？

生：不正常，感觉就像四个不良少年。

师：是什么引起了他们的改变？

生：是一次冒险经历。

师：他们想通过这次经历改变什么？

生：他们想出名，改变被长期忽视的处境。

师：为了引起别人的注意，四个小伙伴出发了。

师：大家最喜欢的人物是谁？

生：我最喜欢戈迪。他很勇敢，抢尸体的时候，维恩和泰迪都被大孩子吓跑了，只有戈迪和克里斯站在一起。

师：那是因为他有手枪吗？

生：有这个原因吧。

师：大家想一想，如果戈迪没有手枪他会如何选择？会不会像维恩和泰迪一样逃跑？

生：不会。戈迪心中有一个心结，哥哥下葬时，他爸爸说："为什么死的不是你？"他心中一直很自责，觉得哥哥很优秀，不该死。他看到尸体的时候，大概是想到了他的哥哥，他还找东西遮盖尸体。尸体对他来说很重要，我想无论如何，他也不会放弃尸体的。

师：你分析得很棒。戈迪是有问题的，问题是什么？问题来自哪里？

生：他在家里是被无视的。他找水壶的时候喊了好几声，妈妈都不搭理他，就像没听到似的。爸爸告诉他在哥哥房里之后，还不放心，追过去不让他在房间里多待。爸爸还说戈迪的朋友不好，不如哥哥的朋友。

师：哥哥去世后，父母才这样对待他吗？

生：不是。哥哥在世时就这样。那次吃饭的时候，父母就只在乎哥哥，完全无视戈迪的要求。哥哥很喜欢戈迪，夸他会写故事，还送给他帽子。哥哥去世了，没人欣赏他了，他很痛苦、很纠结。

师：他的问题怎么解决的？谁帮助了他呢？

生：克里斯。克里斯鼓励他上升学班，说他有写故事的天赋。

生：找到尸体的时候，戈迪哭了，这时也是克里斯在宽慰他，帮他打开了心结。

师：我们生活中有没有苦恼或纠结？咱们都是怎么做的？

生：有时候和妈妈说，有时候老师帮助我。

生：我这学期就有点想不开，是乐瑶开导了我。我觉得朋友很重要，关键自己也要行动。我听了她的话，行动起来，才做回了原来的自己。

师：大家是怎样认识他们这次历险的？危险不？

生：这次历险还是非常危险的，有几次非常惊险，比如闪火车，很危险的。

师：男孩子喜欢冒险没有错，但不要以身犯险。以后如果大家想冒险的话要提前作好准备，了解好情况。

师：他们出发的目的是为了寻找尸体，为什么他们要寻找尸体？

生：他们为了出名。

师：是的，为了出名，此时他们还不理解死亡的意义。他们在什么时候经历了死亡？

生：在历险的过程中，他们经历了死亡的来临。

师：所以，他们更理解了活着的意义和价值。

师：他们最后找到尸体时为什么不让大孩子们拉走？

生：因为他们尊重死去的孩子。

师：大家说得好，他们已经长大了，他们终于理解了死亡，理解了生命的意义和价值。

2. 我们班的活动——演一演与故事续编

（1）演一演。

克里斯：没有人问牛奶钱是不是我拿的，就把我停学三天。

戈迪：是你拿的吗？

克里斯：对，你知道是我拿的。泰迪也知道，大家都知道是我拿的，维恩也知道。也许我知道歉疚，又还回去了。

戈迪：你还回去了？

克里斯：我拿着钱到西蒙老师那里，跟她坦白，牛奶钱都还在。但我还是被停学三天，因为牛奶钱一直没找到。也许下个星期，西蒙老师穿着一条全新的裙子去上课。

戈迪：对，咖啡色有点点的裙子。

克里斯：所以是我偷了牛奶钱，但西蒙老师又把它偷了回去。假如我把这事说了出去，你觉得有人会相信吗？

戈迪：没有。

克里斯：你觉得如果是住在高档别墅区的人偷了钱，那个贱人会这么处理吗？

戈迪：不可能，当然。

……

克里斯：我只希望我可以去一个没有人认识我的地方。

（2）故事续编。

续编一：

克里斯的信心被戈迪鼓舞起来，他们一起上了升学班。但克里斯考试成绩很差，哭着对戈迪说："我做不到。"

戈迪说："你自己要有信心，明天到老地方我帮你复习。"

第二天，戈迪来到木屋里，但等了好久，克里斯才背着书包来了。

"怎么这么晚？"

"我……"

"怎么回事？克里斯，我是你的朋友，对不？"

"抱歉，让你等了这么久。我在路上帮了一位老太太。"

"好样的！"

……

克里斯腼腆地笑了笑，满怀信心地低下头开始学习。

克里斯帮助老太太的事情很快被镇上的人们传播开来……

克里斯的成绩也慢慢地提高了，同学们也不再取笑他了。

后来，克里斯成了律师。他把自己的案例提供给戈迪写成故事，俩人成为了挚友。（李意航）

续编二：

考高中的那天，戈迪找到克里斯，克里斯有些紧张："我不敢去！"

戈迪："没事，放松，相信自己，我们一起加油！"

克里斯在戈迪的陪同下真的考过了。

戈迪："看，我说吧，咬咬牙就过去了。"

他们被分到同一个班。

一个男同学："哟，这不是那个偷牛奶钱的人吗？还敢到这来，你怎么不接着去偷啊？"

他们用各种话讽刺克里斯，克里斯真想揍他们，可是他握了握拳头忍住了。

克里斯跑到宿舍哭了。"我不想让人侮辱我，我不想在这待下去了。"

戈迪："在这个学校，你必须记住一个'忍'字，你就当他们是空气。你不但要学会忍，还要把你的实力展示出来，我们这里不是靠嘴的，而是靠实力。我们要努力学习，用自己的行动去证明自己。"

从此，戈迪天天给克里斯补习。终于，他们做到了：戈迪第一，克里斯第二。（张亦驰）

3. 我们班的影评

（1）这是一部对我们的成长很有帮助的电影，它让我明白，自己有了心结之后应该找人聊聊，不要闷在心里。（张悦）

（2）我特别喜欢克里斯，他自己心里有委屈，还主动帮助朋友们。克里斯两次救了泰迪，还帮助戈迪找回信心，他特别会理解人，就像个大人。他也善于接受戈迪的鼓励，很努力，长大做了律师，很适合自己的性格。（高鹏飞）

（3）戈迪在生死关头没有丢下维恩自己逃跑，他不顾自己的安危鼓励维恩一起跑，很了不起。如果换作是我，早就撒腿跑了。我觉得有这样一位朋友真的是维恩的福气，我也要做戈迪这样的男子汉。（郑佳培）

（4）人生之路会遇到各种各样的选择，站在十字街口，有人选择了逃

避，有人则主动选择了磨难。何去何从？相信看完这部电影，你心中会有个明确的答案。（王庆）

📽 教学感悟与建议

（1）电影非常适合对男孩进行教育。通过电影，孩子们理解了真正的同伴关系一定是让对方变得更好，交上一个优秀的好朋友甚至能改变一个人的一生。

（2）通过电影教育男孩子一起经历是必要的，但是真正的冒险不是以身犯险，不要做太危险的事情。

（3）电影中的四个男孩子的家庭各有问题，但是他们通过伙伴间的经历成长了，成熟了。所以不要抱怨环境，遇到问题要学会求助，积极解决问题。

（河北省石家庄市元氏县马村镇泉村学校　高晓虹）

最美时光里的成长

(《城南旧事》)

🎥 电影的教育价值

送别是电影的一个重大主题。电影中，总共出现了 5 次送别，每一次送别就是一次真正的成长。电影教育孩子们要珍惜童年的纯粹和童真，每个人美好的童年只有一次。童年生活中那些重要的人和重要的事是助推你成长的强大动力。

🎥 观影准备

1. 我们班的电影海报

2. 带着问题看电影

（1）别人眼中的秀贞是个疯子，英子为什么喜欢和秀贞在一起？

（2）妞儿为什么喜欢和英子在一起？

（3）英子为什么和小偷成了朋友？

（4）电影给你印象最深的是什么？

电影班会

1. 老师和你聊电影

师：英子结交的第一个朋友是谁？

生：秀贞。

师：在大家眼中秀贞是个疯子，大家都躲着她，甚至是秀贞的父母都认为她精神不正常，尽说些疯话。为什么英子却喜欢跟她在一起呢？

（一阵沉默。）

生：因为英子同情秀贞。

师：是的。但是宋妈等那些街坊也都很同情秀贞，她们为什么没有与秀贞成为朋友？应该不仅仅是同情。

（又是一阵沉默。）

生：英子喜欢秀贞。

师：有这方面原因。有一个细节不知大家有没有注意到："秀贞：英子，大家都认为我得了疯病……你说我疯不疯？英子：不。"

师：你从中得到了什么启发？

生：英子根本没有把她看作疯子。

师：是啊，一个大家眼中的疯子，在英子眼中就是一个正常的人。因此秀贞才喜欢向英子诉说自己曾经的故事。

师：英子结交的第二个朋友是谁？

生：妞儿。

师：妞儿为什么喜欢英子？

生：英子很同情妞儿，还在妞儿遭到大家欺负的时候，站出来保护妞儿。

师：是啊，英子把妞儿看作自己的朋友。

生：妞儿遇到伤心的事情时，喜欢跟英子说。

师：是啊，她们是儿时的玩伴，也是好朋友。那么为什么英子跟小偷成了朋友，还相约一起去看海呢？

生：因为这个贼并不坏。

生：小偷去偷东西是迫不得已。他做的这些事情并没有让他的母亲和弟弟知道。

生：小偷偷东西并不是为了自己吃喝玩乐，而是为了供弟弟上学。

师：是啊，这样被生活所迫的贼，内心深处还保留着温情的一面。

师：英才还说过一句："我分不清好人和坏人，分不清大海和天空，孩子的世界就是如此。"英子童年中遇到这些人，是幸还是不幸？

生：这些都是童年的经历和回忆。只有经历过才有真正的成长，才能分辨好人和坏人。

师：这部电影的主题是送别，电影有几次送别？

生：第一次是在影片的序幕；第二次是在英子一家坐马车到新帘子胡同的时候；第三次是在英子参加厂甸小学毕业会时；第四次是在小偷被抓住以后；第五次是爸爸去世后，和妈妈与宋妈在墓地分别。

师：看得很仔细，离别是电影的重大主题，成长就是不断离别的过程。英子在与他们分别的同时，也别离了自己的童年，在送别的经历中英子就长大了。林海英写《城南旧事》的初衷，就是"让实际的童年过去，心灵的童年永存下来"。所以，电影就是让我们珍惜童年，珍惜你所经历的人和事。

2. 我们班的作品

3. 我们班的活动：故事续编

续编一：

自从爸爸去世后，妈妈因伤心过度大病一场。正像爸爸所说的那样，英子一下子长大了。

爸爸去世后，家里没有了经济来源，只好去投靠住在台北的伯父。伯父家也不是很富裕，一家几口，仅仅靠伯父一个人的工资维持。伯母帮着照顾英子的妈妈，英子失去了上学的机会，在家照看弟弟。

虽然英子不能上学了，但是她从小受爸爸的影响，非常爱读书。伯父家有一个书房，书架上有很多书。一有空闲，英子就坐在伯父的书房中，沉浸在书中。《三国演义》《隋唐演义》英子不知看了几遍，其中的人物故事早已烂熟于心。

伯父看英子这么热爱读书，便把英子送入当地的学堂。英子很珍惜这次学习机会，学习很刻苦，从没有迟到过。放学后英子仍旧一如既往地钻进伯父的书房中读令她着迷的书。

书籍陪伴着英子长大，陪伴她走出了童年。（韩诗怡）

续编二：

宋妈走了，妈妈要照看英子的弟弟和妹妹，忙得不可开交，尽管有英子帮忙，可妈妈也脱不开身，无法赚钱养家。这样家中没有了经济来源，英子也失学了。宋妈回到了乡下，可没过几天，黄板牙就把她带来的工钱全赌光了，还欠下了许多债。他还经常喝酒，喝醉了就用鞭子抽打宋妈。一年后宋妈生下了小小栓子。尽管小小栓子的出生让宋妈忘记了失去栓子的痛苦，但是她早已厌倦了跟黄板牙在一起生活的日子。有一天，宋妈趁黄板牙不在家，带上小小栓子打算到北京城找夫人和大小姐。可惜宋妈没有找到夫人和大小姐。后来得知林家去了台湾。宋妈只好另投一家继续当奶妈去了。林家回到了台湾去投靠张伯伯家，有了他们的帮助，英子的妈妈可以去打工挣钱供养英子和弟弟。英子长大了，真的懂事了。不知从什么时候开始，她喜欢上了阅读，可惜由于家中贫穷，没有多余的钱去买书，英子只好去书店窃读——书成了英子的伴侣。（高天姿）

4. 我们班的影评

（1）童年的伙伴最宝贵。妞儿是英子的玩伴，一个杂物间，一个秋千，一群小油鸡，还有两个人在一起的笑声，基本就构起了那一段童年的整个天空。妞儿从小被抱养，爹娘根本不拿她当孩子，只是卖唱的工具而已，没有真正关心她，连打带骂是妞儿的生活常态。英子是深深地同情妞儿的，她愿意帮助妞儿摆脱现实的苦难，希望妞儿能找到自己的亲娘，这是人性中最美好的东西。（陈思蓉）

（2）每个人都有难以忘记的童年。电影讲了英子童年中的所见所闻，讲了老北京的故事。长大后，英子去了台湾，一想起自己的童年就想起了北京，一想起北京就想起了自己的童年往事。我的童年是在乡下度过的，面临黄河，依山而居，父母都去城里打工了，我和奶奶爷爷在一起，我也有自己的好朋友，也有自己的故事。我长大后，如果离开自己的家乡，我也会想念它，热爱它。（刘毅）

教学感悟与建议

（1）上一学期在班内看过三场电影，但是没有让孩子们思考其中的问题，或者说还没有转化为课程模式。这一次让孩子们带着问题看电影。讨论时，孩子们经常"冷场"。如英子为什么和秀贞成了好朋友？孩子们沉默了，后来有学生回答说因为英子同情秀贞。当时只有五六岁的英子对秀贞更多的应该是好奇吧，还有她完全不像社会上那些人用世俗的眼光去看待秀贞。这是我的理解。当学生仅仅理解到"同情"这一层次时，我出示了电影中的人物对话——"秀贞：英子，大家都认为我得了疯病……你说我疯不疯？英子：不。"有学生举起手回答说："英子根本没有把她看作疯子。"

（2）引导孩子们看懂电影，注意琢磨人物的对话。电影中很多语言可以揭示某些道理或者中心意思。

（重庆市丰都县社坛镇大堡完全小学　黄静媛、罗琼）

最美不过青葱时

《怦然心动》

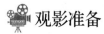 **电影的教育价值**

电影的主题是成长，朱莉的成长带动了男孩布莱斯的成长，也带动了周围人的成长，成长是如此的让人怦然心动。电影教育孩子们要学会正确处理情感，对于怦然心动的感情要学会理性地去思考，这时自己便真正地成长和成熟了。

观影准备

1. 我们班的电影海报

2. 带着问题看电影

（1）在朱莉眼中布莱斯是怎样的人？

（2）在布莱斯一家眼中，贝克一家是怎样的？在切特眼中朱莉是怎样的一个女孩子？

（3）如何理解朱莉爸爸所说的"整体大于部分之和"？

（4）对朱莉而言，梧桐树代表着什么？

（5）布莱斯身上发生了哪些变化？为什么？

电影班会

1. 老师和你聊电影

师：电影哪个地方打动了你？

生：布莱斯的朋友又一次嘲笑朱莉时，布莱斯终于大胆地表达了自己的想法，不惜和朋友绝交也要追赶朱莉。

师：这一情节说明布莱斯有了巨大的转变，之前的他胆小懦弱，从来不敢表达自己真实的想法。有一次他朋友讥笑朱莉的叔叔，他心里明明认为朋友说得不对，甚至还想揍他的朋友，但最后却说出了附和的话。他也不敢反对他的爸爸。在此之前，他活在别人的世界里，但这一次不同了，他勇敢地作出了自己的选择，他也看清楚了朱莉。

师：大家有什么疑问之处吗？欢迎大家提问。

生：老师，布莱斯为什么要种一棵树呢？

师：我们先来聊聊那棵树，那棵朱莉曾经爬上去看风景的梧桐树。

生：她在上面看到美丽的风景，明白了爸爸说的"整体大于部分之和"。

师：那棵梧桐树对朱莉来说，有点像"菩提树"啊，在那棵树上她思想上逐渐趋于成熟，完成了人生的一次蜕变。所以说……

生：那棵树使她重新认识了世界，思想逐渐变得深刻。

师：那棵树，还发生过什么故事？

生：被砍。

生：朱莉请求布莱斯支援，但布莱斯没有伸出援手。那棵树被砍了，朱莉心中留下了阴影。

生：爸爸懂她，又给她画了一棵树。

生：我明白了，树被砍的时候布莱斯不帮朱莉，朱莉恨他，不原谅他。现在是弥补。

师：朱莉不和之前一样喜欢布莱斯了，大家谈谈原因是什么。

生：朱莉说布莱斯是懦夫。因为他的朋友取笑朱莉的叔叔时，他没反对。

生：他不敢和朱莉讲原因，而直接扔了朱莉的鸡蛋。

生：他爸爸说喜欢梧桐树的人没品位时，他不敢反对。

师：他心里想的和他嘴上说的一样吗？

生：不一样。

生：他不敢表达自己真实的想法。

师：后来呢？他有没有改变？

生：变了。他朋友再次嘲笑朱莉时，他表现得很勇敢，不惜和朋友绝交也要追朱莉。

师：他为什么要种那棵树呢？

生：他终于明白了朱莉的好。他懂朱莉了。

生：他想和朱莉一起到树上看美丽的风景。

师：我想问下，朱莉一开始为什么紧追布莱斯？

生：因为布莱斯的眼睛很迷人。

师：我知道咱们班有一位同学，像朱莉一样也为"布莱斯"所困扰，大家想对她说些什么呢？

生：我觉得有个"布莱斯"也挺好的。

生：是的。

生：可是，大家老起哄啊！

师：电影里的朱莉是怎么对待同学的起哄的？

生：明白了，这些都很正常。顺其自然就可以了。

生：如果无论做什么都想着"布莱斯"咋办？

生：那就不自然了。

生：其实，他们不起哄的时候，我自己也会想、也会说那个人的名字。

师：他应该只是你生活的一部分，而不是全部。

生：你认识的是他的整体还是部分？

生：是"眼睛"还是内心？

师：很好，看来你们都知道如何处理了。

生：我觉得这个故事很动人，他们俩手牵手太感人了。

生：还有一起种树，互相原谅，互相理解，一起创造美好的生活，多好啊！

师：我们每个人都会经历这样的情感，包括父母和老师。一定要告诉自己，这不羞耻、不罪恶；相反它很美、很真，它就和吃饭睡觉一样是我们生活的一部分，但不是全部！

2. 我们班的活动：演一演与故事续编

（1）演一演。

父：你和对门那个布莱斯是怎么回事啊？

朱莉：啊？什么怎么回事啊？没什么啊！

父：哦，那就好，是我想多了。

朱莉：你为什么这么想？

父：没什么，只是你成天把他挂在嘴边。

朱莉：我有吗？

父：是啊。

朱莉：我不知道。我想是因为他那双眼睛，或者是他的微笑。

父：那他这个人如何？

朱莉：什么？

父：你必须看到整体。

朱莉：什么意思？

父：一幅画可不仅仅是它各个部分的简单组合。

（2）故事续编。

续编一：

树种上了，朱莉每天浇水，好好爱护它。过了几年，梧桐树慢慢地长大了。

朱莉：啊，长这么大了!

布莱斯：嗨，朱莉!

朱莉：嗯!

布莱斯：长这么大了!

朱莉：对啊!

布莱斯：嗯……要不要爬上去?

朱莉：好啊!

两个人一起爬上了树。

朱莉：在这里可以看到全世界的风景。

布莱斯：是啊，确实很美丽，我很后悔。

朱莉没说话，布莱斯看了看朱莉。

布莱斯：后悔没能这么早看到这么美的风景。我要好好欣赏，一直欣赏下去。

布莱斯拉住了朱莉的手，两个人相视而笑。（张艺资）

续编二：

第二天上学，朱莉和布莱斯一起等公交车，他们面带微笑。在学校里，雪莉看到他们两个在一起。

雪莉：布莱斯，我不懂这是什么情况，是受刺激了吗?

布莱斯：没有，我很正常。

雪莉心想：不能眼巴巴看着布莱斯跑了。

校门口。

雪莉：（咬牙切齿）告诉你，别想得到布莱斯，他是我的!

朱莉：我没有想得到他，我们只是家离得近了点。他是他自己的，应该不属于任何人。

雪莉气得直跳。

树后的布莱斯露出了心满意足的笑容。（李玉君）

续编三：

过了一年，梧桐树长大了。布莱斯和朱莉经常一起坐在树上看风景。

不料，有一天这个院子的主人来收院子，而且还要把院子里的草坪全铲了，梧桐树也要被砍。

工人：哎，快下来，我要砍树了。

朱莉：布莱斯，布莱斯。

布莱斯：怎么了朱莉？

朱莉：他们要砍树了。

布莱斯迅速地爬上梧桐树。

工人：你们别闹了，很危险。

雪莉也来了，竟然也爬上了梧桐树。

工人无奈地走了。

雪莉：布莱斯，祝福你们。

雪莉和他俩拥抱后跳下树，走了。（卢静波）

3. 我们班的影评

（1）这是一部很美的电影，我特别喜欢朱莉的勇敢、活泼，她敢于表达自己内心的想法。（朱亦霖）

（2）切特是一个懂得欣赏美好的人。他说自己不是帮助朱莉，而是因为朱莉让他看到了自己的妻子。在遇见朱莉之前，他的生活是特别枯燥乏味的，因为布莱斯家里死气沉沉。切特通过朱莉慢慢了解了贝克一家并慢慢改善了两家的关系。布莱斯的成长和改变也离不开切特的引导。他说：我们当中的有些人平庸，有些人像缎子一样光彩照人，有些人浮华于外表。但有一天，你会遇到一个如彩虹般灿烂的人。当你遇到这个人，其他人都只是浮云而已。布莱斯最后发现朱莉就是自己世界里那个如彩虹般绚烂的人。（贺美荣）

教学感悟与建议

（1）通过电影，既让学生体会情感萌动时的美好，又教会学生正确对待感情，从而得到真正的成长。我们的学生在观影中受到了教育，他们知道，那个真正对的人一定是让你变得更积极向上、让生活变得更好的人。

（2）鼓励学生推荐相关优秀作品，扩展学生的阅读面，比如有学生推荐了《奇幻森林》。

（河北省石家庄市元氏县马村镇泉村学校　高晓虹）

妈妈，再爱我一次

(《人工智能》)

电影的教育价值

电影讲的是一个关于母爱的故事。大卫不仅是机器人，他还教会我们理解母爱，更要学会守护爱，传递爱，用自己的爱来温暖他人和世界。每一个人都曾是小小的大卫，都曾是相信过爱的单纯的孩子。

观影准备

1. 我们班的电影海报

2. 带着问题看电影

（1）你认为这个故事的主人公是谁？他身上最大的特点是什么？

（2）这是一部关于什么的电影？用一个词语概括你的感受。

（3）看完这部片子，你认为人和机器人最大的区别是什么？

（4）对于机器人大卫来说，是爱幸福呢，还是被爱幸福？如果是你，你会选择爱还是选择被爱？

（5）看完整部片子，你知道爱是什么了吗？

（6）如果有世界末日，留下的会是谁？是机器人还是人类？

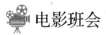 电影班会

1. 老师和你聊电影

（1）这是一部关于什么的电影？用一个词语概括你的感受。

孩子们不约而同地说：这一部关于机器人的电影。

我笑了起来："里面没有人吗？就机器人？"

一向沉稳的邓杰站了起来："这是一部关于母爱的电影。"

她回答后，我在黑板上写下了"母爱"，然后转向孩子们继续问："除了母爱之外，还有其他的感受吗？"

爱思考的詹红翔也举手了："这是一部关于科学幻想的影片。"

"哦，你能说出'科学幻想'这个词语，就注定了不简单，你是一位阅读者！"

为了打开孩子们的思维，我这么引导："大家可以从人物的经历和性格方面来说说。"

"这是一部关于勇敢和执著的片子。"我话音刚落，女孩张文雅就抢着回答道。

她这一开口，孩子们的思维终于动起来了，一时间，很多词语从孩子们的嘴巴里蹦出来了。顺着孩子们的表述，我在黑板上写了爱、孤独、寻找等词语。

（2）看完这部片子，你认为人和机器人最大的区别是什么？

这个问题相对来说比较简单，我把问题一出示出来，孩子们就不约而同喊了起来："人会爱，机器人不会爱。"

我一脸惊讶："故事中的机器人大卫，不会爱吗？母亲莫妮卡这个人会爱吗？"

一些孩子低下头去了，但还有一些孩子略微惊诧一下，旋即就举手了："电影中有这么一个情节：那位机器人秘书被人扎了手，没有疼，没有生气，只说是伤了手。这就证明机器人是没有情感的。"

我笑了："可是，大卫却是个有感情的机器人呀，这又如何解释？"我依旧把问题抛给孩子们。

"如果每个机器人都如此没有情感的话，这部片子就没有必要拍了。"有的孩子小声嘀咕着，被我听到了。

"是的，孩子们，就是因为大卫有着机器人没有的东西，才显示出它的可贵，它的美好，对它研究的必要。"

（3）对于机器人大卫来说，是爱幸福呢，还是被爱幸福？如果是你，你会选择爱还是选择被爱？

面对问题，很多孩子笑了："爱幸福，被爱也幸福。"

"是的，当爱和被爱同时共存的时候，是最为幸福的。但当你面临取舍的时候，你是选择爱，还是选择被爱？"我又把问题抛给了孩子们。

一时间一些孩子陷入了沉思，似乎有些艰难。

"想想我们看的这部片子中，机器人大卫是爱多还是被爱多？"还是从影片内容来谈比较好。

"大卫爱妈妈多一些，被妈妈爱少一些。"孩子们这么回答。

"那你是选择像大卫那样去付出爱，还是选择像妈妈那样去接受爱？"这样的选择题出现的时候，孩子们再次陷入了沉默。

"孩子们，再想想在家庭生活中，是你的辛苦多，还是妈妈的辛苦多？"我继续引诱孩子们开口说话。

"肯定是妈妈的辛苦多。"这一点，孩子们都知道。

"那妈妈是爱得多，还是被爱得多？"

"妈妈爱得多很多。"孩子心里有杆秤，啥都知道。

"如果让妈妈再来选择一次，她是会选择爱还是会选择被爱？"问题绕到妈妈身上，孩子们似乎容易应对一些。

男孩王春说："那是妈妈的事啊，我怎么会知道。"

女孩胡艳说："妈妈内心里想要选择被爱，但是行动的时候，依然会选择爱。"

这回答令我意外："为什么这样说呢？心里想的和做的为什么不一样呢？"

"在孩子还小的时候，妈妈爱着孩子，很是辛苦；当孩子长大了的时候，妈妈就被孩子爱着。无论她怎么选，爱还是被爱，都会在生活里轮回，爱也是被爱，被爱也是爱。"胡艳慢慢悠悠说出的这些话，着实令人震惊。耐心等着她说完，我就鼓起掌来了。

"孩子们，胡艳说得真好——爱还是被爱，都会在生活里轮回，爱也是被爱，被爱也是爱。现在的我们，因为年纪还小，还在读书上学，要接受妈妈的爱，要获得被爱的甜蜜；等到我们长大了，妈妈就老了，那时我们就会去爱，去付出，妈妈就会成为被爱的对象。"

（4）你认为电影最感动的一个细节是什么？为什么感动？

"每看完一部影片，或者一本书，我们都会被电影里或者书里的情节打动，在这一部电影中，你最感动的一个细节是什么？"

大眼睛女孩马瑶说："我最感动的地方是机器人大卫为了让妈妈更加爱他，就去剪妈妈的头发，差一点就伤害到妈妈，但是，妈妈一点没有怪罪大卫。"

"你从妈妈的角度来说，也很不错。你以为妈妈身上有怎样一种情怀，让大卫那样去做或者选择原谅大卫？"

"无论孩子做错什么事情，只要真心悔过，就会得到原谅。妈妈在这个世界上可能谁都不爱，但是她一定会永远爱一个人，这个人就是她的孩子。妈妈的身上有一种叫作无私的情感。"

"说得真好！妈妈对孩子的爱，是世界上最无私最纯粹的情感。"

梦想成为作家的男孩詹红旭说："我最感动的一个地方是大卫寻找到蓝仙女，把妈妈变回来了一天，那一天的相处，我觉得是最幸福和甜美的，那一天的日子，是每一个人类都比较向往的。"

"为什么这么说？继续阐述一下。"

"那一天，只有大卫和妈妈两个人，妈妈给大卫讲故事，亲自喂大卫吃东西，还有生日蛋糕，燃烧着的生日蜡烛……这样的场景，是每一个孩子在梦境里渴求的。"这样的话语，让很多孩子沉默了，爸爸妈妈都在外地打工，成为留守孩子的他们，对家庭的团圆和温馨场景尤为渴慕。

腼腆的女孩李蕊君说："我最感动的一个细节是大卫的妈妈把他扔到丛林中。按理说，大卫应该对她充满痛恨，可是，大卫并没有这样做，而是把妈妈丢弃自己的原因归结到自己身上，说自己不是个真正的人类男孩，所以妈妈才会丢弃他。"

"很清晰明晓，谢谢你的认真思考。我想再追问一句——你以为大卫身上有一种怎么样的品质，值得我们学习？"

"大卫能够做到以德报怨，是我们的榜样。"

（5）机器人大卫为什么要找蓝仙女？

"机器人大卫寻找蓝仙女到底为了什么？这个问题看似简单，其实是不简单的。从电影的情节上来看，大卫寻找蓝仙女是为了什么？"

我们的班长王若晴站起来了："大卫寻找蓝仙女的那一幕，我觉得极为神秘，有一种很强的好奇感，想要知道这个蓝仙女到底在这个世界上存不存在。"

话音一落，孩子们就笑了："这个蓝仙女肯定不存在，因为这是童话故事。"

顺着孩子们的话题，我接着说："大卫找蓝仙女为的是把妈妈重新找回来，在找回的那一天里，大卫无比的幸福快乐、满足喜悦，就像我们自己说的那样：幸福的时刻纵然短暂，也值得拥有。问题是：大卫为什么要把妈妈重新找回来？"

"因为大卫想妈妈。"孩子们异口同声，如此回答。

我笑了："当你有一天放学回家，看不到妈妈，没有了妈妈的身影，没有了厨房的美味，等了一天你都没有等到妈妈，你会怎样？"

"着急，焦虑，心里发慌，恐惧……"种种词语从孩子们的嘴里冒出来。

"我们有这样的情绪出现，就说明在我们的成长过程中，对妈妈有一种怎样的情感存在着？"

"我们依赖妈妈。"

"我们需要妈妈。"

"有妈妈，我们心里就踏实。"

"有妈妈，我们不再害怕。"

"是的，孩子们，妈妈就是我们的根。著名的心理学家埃里克森说，没有母爱（哪怕没有潜在的母爱）都是不可想象的，不能存活的——哪怕，这真正的母爱只有一天，也不遗憾了。这么说，大家明白了吗？"

看着孩子们似懂非懂的眼神，我知道这些东西让他们完全消化和接受是一件极为困难的事情，但愿这部影片能够存留在他们的记忆里，随着年龄的增长，他们的体悟会越来越多吧！

2. 我们班的作品

3. 我们班的影评

（1）自己的梦想，一定要自己努力去实现，不要让自己有后悔的一天。（王文凤）

（2）大卫为了让母亲只爱他一人，跑到世界的每个角落里，寻找蓝仙子的下落，希望变成一个真正的男孩。这种为了实现自己的愿望不懈努力的精神令我佩服，也令我感动。（李洁）

（3）这是一部让我落泪的电影，讲述的是一个关于会爱的机器人的故事。大卫是一个极为重感情的人，他非常喜欢收养自己的妈妈。从大卫的角度看，身边的人都是那么的聪明和伟大；从我们人的角度看，大卫就是情感和智慧的结晶。（邓杰）

（4）我想用勇敢和执著来概括这部影片，机器人大卫和泰迪熊沉浸在水里的时候，也没有放弃自己的生命，而是执著地寻找蓝仙女。他相信，只有找到蓝仙女，才有可能把自己变成真正的男孩，从而获得妈妈的爱。这份执著令人感动，也令人佩服不已。（张文雅）

教学感悟与建议

（1）电影完全是一个现代版的《木偶奇遇记》的故事，《人工智能》的故事比《木偶奇遇记》的故事更为深刻，不仅体现了男孩成长为男人的过程，更体现了对人类未来命运的思索。

（2）成为一个好孩子的愿望贯穿成长的始终。

（河南省镇平县彭营镇彭营中心小学　梁波涛）

做一名课程开发型教师

做班主任很累，做高中班主任更累，担任高中班主任工作 16 年来一直背负着沉重的压力。一方面是巨大的精神压力，高考升学指标始终像一根鞭子不给人喘息的机会；另一方面无始无尽的时间投入像一个巨大的黑洞，带来严重的体力透支。每送走一届学生尚未来得及休整又要重新起跑，不断地出发。班主任就如同推着石头上山的西西弗斯，坠而复推，推而复坠，永无止息。"当下"永远是我们奋斗之时，却不是成功之时。

几年前的一个教师节，我收到无数封学生写给我的感谢信，我把这些信发在校园网的论坛上，这一帖子引起了一场意想不到的辩论。

其中一位已经毕业的学生跟了这样一个帖子："我也是你的学生，但我不是一个幸运的学生，没有得到你帖子中学生得到的垂青，如果我也能像他们那样的话，我今天就不会在这样的大学里过日子了。工作苦和累，并不意味着老师责任的相对减轻，而是意味着更大的责任，因为你们身上有我们的期待。"

这个帖子引起了我长久的思考，教师工作的性质意味着我们无休止地投入，但这种投入如果不能换回更多学生的成功感和幸福感，那么工作的意义和价值也便打了折扣。

学生的争论也给我上了最好的一课。没有幸福感的教师怎么可以培养出具有幸福感的学生。于是我的班主任工作开始了一次实质性的蜕变，在网络学习中让自己向一名专业的班主任进发。

1. 我做了一名刀客

2004年开始在教育在线班主任论坛学习优秀教师的主题帖，并开了自己的班级专题帖:《紫色风暴，艺术特长生实验历程》。

在教育在线学习的日子里，学习别人的经验越多，感觉自己面对的空白就越大，知识储备越不足。我是如此迫切地希望提升自己，改变自己的生存状态和行走方式。不知不觉中，读书、思考、交流、写作成了我生活的常态。

2007年我开始了我的第二个班级主题帖:《再闯高考之门，文一班的高四旅程》。

2008年我开始了我的第三个班级主题帖:《14班的班级故事》。

……

我开始热爱这种生活，人的心底总有最柔软的一隅，那里盛放着我们对生活最朴素的向往。一百多万字的主题帖里记录着我们的成长和梦想，我们的欢笑和泪水，我们的躁动和感动，是探索也是成长。教育在线帮我打开生活的裂缝，帮助我在僵硬的教育生活、僵化的课堂教学上，撒下成长的种子。

2007年12月，我发起组建了一个教育在线班主任研讨群，每周三晚上进行班级典型问题研讨，那么多优秀的班主任是一个多么庞大的教育资源啊，跨地域、跨学科、跨阶段的班主任队伍在每周三相遇，在每周一次的思想交锋中我的教育理念在发生着质的改变。

我们做了24期的专题研讨和案例分析，周三成了我们相约的一个暗语，成了一种期待、一份美丽的约定、一种追梦的姿态，在周三的夜色里对我们自己进行解剖，在痛苦中酝酿一份酣畅淋漓的歌唱。

我感觉我找到了班主任专业化发展的方向所在。

当研讨向纵深发展时，我们发觉了一线草根班主任发展的瓶颈，对学生的研究和分析只停留在表述问题和寻求解决问题的层面上，缺少严谨的教育学和心理学的分析甚至是教育观的突破。K12班主任论坛的版主"子夜听风"戏称我们是一群买刀的刀客。学习、写作、交流只是为了寻找方法，而身怀再多绝技却没有教育理念的改变，没有心理学的依托，自己总是处于见子打子的被动局面中，而学生的情况永远处于流变之中。

2. 我做了一名啃读者

在最初的激情回归理性后，大家主动而自觉地开始突围。一种需要通过阅读提升自己的意识是如此紧紧地攫住我的思想。但班主任专业阅读一直让我不断思考而无法突破，我开始向张万祥老师求助，远在天津的张万祥老师经过详细地斟选，缜密地思考，提供了首批班主任专业阅读书目，这一书单让我豁然开朗，阅读改变着我的生活。

2007年，新教育教师专业发展项目启动，组建了"海拔五千"教师专业发展阅读群。2007—2009年在干国祥老师和魏智渊老师的带领下进行了系统而深入的专业阅读，教育学与心理学方面的学习有了很大的突破，我开始从专业的角度理解班主任工作，并在班级管理的实践中践行着。

2009年9月3日，新教育网络师范学院开学，我们开始了专业发展课程的系统学习。第一学期学习了《新教育综合课程》《苏菲的世界》《教育人类学》《中国哲学简史》《构筑理想课堂》《第56号教室的奇迹》，学习方式是在规定时间内共读、作批注，然后写出几万字的有建设意义的读后感，上交作业，写出年度论文。

这个学习过程是艰难的，更是残酷的，淘汰率高达80%以上。

第二学期，学习了《非理性的人》《论语》《给教师的建议》《静悄悄的革命》《人间词话》《有效课堂》；第三学期，一起共读了《儿童的人格教育》《性学三论与论潜意识》《神经症与人的成长》《同一性与青少年危机》《逃避自由》《拒斥死亡》……

网师的艰辛学习带给我的影响是异常深远的。通过专业阅读，教学实践的突变、有效课堂的建构、《论语》课程的开发、电影课程的深化都在被我践行着。在无法想象的难度里，一切都需要我在信念上皈依、在行动上突破、在精神上坚守。专业阅读深处，有我安静绽放的希望。

3. 我做了一名课程开发者

在班级管理中，关键不在于老师是否勤奋，而是要给学生和班级一个梦想，要带着他们去挑战去超越，带着他们约束自己，带着他们收获成功。

一间教室能给孩子带来什么，取决于教室桌椅之外的空白处流动着什么。2011—2015年，我参与并主持了新教育网师电影院的电影课程，通过200部电影的主持研讨，不仅积累了丰富而翔实的第一手资料，而且使经典电影与班级管理融合在一起，在班级实践的基础上首先开发了高中电影德育课程，随后又开发了初中和小学段的系列阶梯电影课程。

通过电影课程编织班级教育叙事，师生共看共读共思共研，在共同穿越中形成独特的生命叙事。每一个班级都能在这本书中寻找到属于自己班级的电影叙事，打造班级独特的精神文化。

而对于成长中的孩子而言，通过电影故事寻找人格榜样，树立人生目标，确知要成为哪一类人，长大后成为谁。优秀儿童阶梯电影给不同年龄阶段的儿童寻找到最适合他们观看的电影，寻找到一个又一个人生蓝本，从而促使孩子们对自身处境和未来进行思考，以更积极的心态投入生活。

当《影响孩子一生的100部电影》推出后，有很多学校反映课程的效果非常好。我们不仅收到了较高的评价，也收到了来自一线教师和校长的新要求：能不能开发出适合师生共用的电影课程读本，通过电影这个载体把学校和班级活动承载起来？孩子们看电影，共讨论，读写绘，画海报，展特长……于是我们的班级生活就因为电影而丰富多彩起来。

面对一线教师提供出的新要求，我又主持开发了"生命中最好的电影课"，使电影课程真正地走进教室，走进孩子们的生活，让孩子们成为电影课程的主导者。

2016年冬天我和河南省济源市下冶第二实验小学进行了对接，把我们的教育电影和他们学校的教育实践活动结合起来。从实践的效果看，孩子们的变化是非常大的。山区的孩子有很多是留守儿童，父母在外打工，孩子和爷爷奶奶生活在一起，而爷爷奶奶只能解决孩子的温饱问题，对孩子的思想引领他们做不到。而我们把电影课程推荐给学校之后，学校利用多媒体，利用经典的影视资源，在班级内共看同一部电影，孩子们的精神面貌发生了巨大的变化。他们从讲故事、表演、读写绘、唱歌、演讲等活动中找到了属于自己的闪光点。

涅阳三水的老师在看到孩子们的作品后感慨地说：最后一份作业是我们班级里最不喜欢写作业、好惹是生非的女孩的作品，第一次看到她作业中的光彩，让我看到这个女孩子的潜力和魅力！《勇敢传说》中公主的这把弓箭画得真是漂亮！精彩属于每一个积极参与的孩子。

通过电影课程进教室的活动，我们的孩子在改变，我们的教室在丰富，我们的学校变得越来越有特色，我们的教育资源也越来越丰富。

电影课程不仅改变了学生，也改变了教师，更改变了学校。

罗曼·罗兰说："生命像一粒种子，藏在生活的深处。"而我相信通过我们的修炼与课程的传播，电影课程一定会在儿童生命深处萌芽、开花，散发出具有卓越气息的独特芬芳。

在此，感谢南明网师，提供了丰富的电影资源；感谢参与课程实践的老师们，正是你们在教室里的开拓性的活动使我们共同创造了一门有意义的课程；更要感谢济源市下冶第二实验小学，整个学校整体参与，从学校层面为课程的开发提供了样本，积累了经验。

王晓琳

2018 年 4 月 3 日